Alexander Roda Roda
Ein Frühling in Amerika

Ein Frühling in Amerika

Alexander Roda Roda

Aus der Serie:

Weimarer Autoren in Amerika

Band II

Berlin und New York, 2021

Alexander Roda Roda
Ein Frühling in Amerika
Herausgegeben von Eva C. Schweitzer

© 2021 Berlinica Publishing UG
Gaudystraße 7, 10437 Berlin
ISBN: 978-3-96026-050-9
Neu: 978-3-96026-082-0

Titelfoto: Berenice Abbott
Fotos im Innenteil: Rechtefrei

Gedruckt in der EU und den USA
Alle Rechte vorbehalten. Das Werk darf — auch in Auszügen — nur mit schriftlicher Genehmigung des Verlags wiedergegeben werden.

https://berlinica.com/

Meldet euch für unseren Newsletter bei berlinica.com an und bleibt immer auf dem Laufenden

Dies ist der Text von Alexander Roda Roda, so wie er erstmals 1924 im Verlag Gunther Langes in München erschienen ist. Wir haben die Rechtschreibung behutsam an moderne Lesegewohnheiten angepasst, insbesondere die von englischen Begriffen, wir haben einige Vornamen ergänzt, Zahlen ausgeschrieben sowie einige kleine Fehler ausgebessert und — wo es nötig schien — kurze Erläuterungen in kursiv und in Klammern hinzugefügt. Einige Geschichten wurden umsortiert, damit sie besser zusammenpassten. Als Vorwort haben wir einen zeitgenössischen Artikel aus den USA über Roda Rodas Reise ausgewählt; das Copyright für die Übersetzung liegt bei Berlinica.

In herzlicher Dankbarkeit gewidmet den Herren und Frauen:

Stefan Bourgeois, James Burrell, Abraham Cahan,
Dr. Friedrich Fischerauer, Henry Goldmann, Dr. Hans Keiler,
Professor Camillo v. Klenze, Ludwig Kollmayr, Alfred De Liagre,
Ludwig Lore, Dr. Emanuel de Marnay, David Pinski, Victor Ridder,
Edgar Speyer, Max William Stoehr, Isaac Wolf jun.
in New York City, NY;

Pastor D. Julius Hofmann, H. L. Mencken
in Baltimore, MD;

Emil Eitel, Paul F. Müller, Generalkonsul Dr. Steinbach
in Chicago, IL;

Dr. Curt Baum, Professor Max Griebsch, Bruno Fink, Adolph
Finkler, Dr. Munckwitz, Albert Trostel, James F. Trottman
in Milwaukee, WI;

Adalbert Fischer-Koerting
in Philadelphia, PA;

Ferdinand Thun
in Reading, PA;

Dr. Hermann Kellner
in Rochester, NY;

Ernst Gichner
in Washington, DC

Inhalt

Roda Roda in der US-Presse: Deutschlands
Komiker zu Gast im ›trockenen‹ Land   11
Die Überfahrt   14

New Yorker

Der Verkehr   21
Broadway bei Nacht   23
Zwei Planeten   24
Die Prohibition   27
Die Frauen   29
Die Show   30
Das Kino   31
Die Währung   32
Europäische Propaganda, Europäische Kunst   34
New Yorker Vergnügungen   37
Die Filmkunst   43
333 Cornwall Avenue   47

Amerikaner

Amerikanische Anschauungen   53
Der Kapitalismus   55
Das Deutschtum   56
Das Judentum   58
Das Rätsel   59
Der Bootlegger   60
Reichtum   65
Der Handel   71
Der Literaturmarkt   73
Jugend und Schule   79
Arbeit und Lohn   87
Der Mittelstand   91

Über's Land

Baltimore 97
Washington 100
Im Mittelwesten 108
  Chicago
  Minneapolis-St. Paul
  New Ulm
  Die fixe Interviewerin
Amerikanische Städte 121
  Milwaukee
  Buffalo
  Rochester
  Das Seebad
Amerikanisches Allerlei 126
  Keuschheit
  Die Prostitution
  Verdeutschung
  Amerikanisch Deutsch
  Kein Aprilscherz
  Wirtschaft im Kleinen
  Amerikas Ehrlichkeit
  Sorge um die Millionäre
  Die Ärzte
  Christliche Wissenschaft
  Zeitungsdienst
  Der Pressefeldzug
  Das Geld liegt auf der Straße
Nachwort 133

DEUTSCHLANDS KOMIKER ZU GAST IM ›TROCKENEN‹ LAND

Alexander Roda Roda reiste 1923 nach Amerika. Der österreichische Humorist, der damals in München lebte, war in den USA durchaus bekannt. Roda Roda traf sich mit mehreren Journalisten. Eines dieser Interviews, das hier wiedergegeben ist, wurde in drei Blättern veröffentlicht: Im *Evansville Courier* in Indiana, im *Salt Lake City Telegram* in Utah, und im *Los Angeles Evening Express* in Kalifornien.

NEW YORK, 10. Februar — Roda Roda ist in New York.

Für diejenigen, die es nicht wissen: Roda Roda gilt als Deutschlands Komiker — eine Art Mark Twain oder G. B. S [*der britische Autor George Bernard Shaw*]. Vor zwanzig Jahren hat er den Taufnamen Alexander abgelegt, aber das hat nichts mit dieser Geschichte zu tun.

Roda Roda kam nach Amerika, um einen Vorwand zu haben, humorvoll zu sein. Seit die Franzosen das Ruhrgebiet besetzt haben, gebe es in Deutschland nichts mehr, worüber man lachen könne, sagt er. »Aber wartet«, warnte er, »Foch ist jetzt in Essen. Bald wird er in Berlin sein, dann in Wladiwostok, und danach in New York.« [*Ferdinand Foch war der französische Generalmarshall im Ersten Weltkrieg*]. Roda Roda war ernst. Er lächelte nicht. Foch, erklärte er, wisse, wohin er wolle, aber er habe es nicht eilig, die Vereinigten Staaten im Winter zu erreichen.

Kolossal ist Roda Rodas Lieblingsbegriff, wenn es um Amerika geht — es ist seine erste Reise hierhin.

Die Bevölkerung von New York erstaunt Herrn Roda Roda. »Stellen Sie sich vor«, führte er den Monolog weiter, »zwanzig Millionen Menschen.« Das dachte auch der Reporter, bis Roda Roda erklärte, dass ein jüdischer Freund ihm gesagt habe, dass es 2 000 000 Israeliten in der Stadt gebe; ein Deutscher hatte 1 500 000 Deutsche hinzugefügt; ein Ungar hatte sich mit einer Million Ungarn begnügt;

ein Ire behauptete, es gebe 4 999 999 Iren; und er schätze, dass es außerdem noch ein paar Amerikaner gebe.

Und Rum — das war ein weiteres Thema, über das Roda Roda sprechen musste. »Man hört in Deutschland schreckliche Geschichten über Alkohol (von Bier wollte er nicht sprechen), aber sie sind unwahr«, sagte er entschuldigend.

»Aber wir haben die Prohibition, wissen Sie«, wagte der Interviewer zu sagen,

Roda Roda bat ausgiebig: um Verzeihung »Sie müssen mir vergeben«, bettelte er, »ich bin erst seit zehn Tagen hier, ich hatte noch keine Zeit, sie zu finden.«

Die Mark war natürlich ein Thema, das dem Humoristen sehr am Herzen lag. »Die Mark«, versicherte Herr Roda ernsthaft, »hat wieder einmal die Unfehlbarkeit teutonischer Tüchtigkeit bewiesen. Vor drei Wochen konnten die Druckmaschinen pro Tag nur so viel drucken, dass das Band, aneinander geklebt, um den Äquator reichen würde. »Und heute«, schwoll Roda Roda vor Stolz an, »wird das Band dreimal bis zum Mond reichen.«

Über das Ergebnis des Austauschs weigerte er sich, zu sprechen. Als wir ihn drängten, erklärte er folgendes: »Jetzt ist die Mark etwas wert, bald wird sie nichts mehr wert sein. Dann wird der Wert ins Negative abtauchen, und das noch zu höchsten Konditionen. Sehen Sie, wie die Mark auf der negativen Seite steigt?«

Roda Roda trägt eine neue Krawatte. Er hat sie auf dem Broadway gekauft, was keine besondere Bedeutung hat, außer dass er sie mit einer karmesinroten Weste trägt, die seit seiner »Anstellung« in der habsburgischen Armee vor über zwanzig Jahren sein untrennbares Markenzeichen ist. Aber der Preis hat ihn beeindruckt, »Für diese Krawatte«, seufzte er, »könnte ich mir ein nettes kleines Haus in Deutschland kaufen, dann könnte ich das Haus mit einer Hypothek belasten und eine weitere Krawatte kaufen.«

Das Wetter, amerikanische Frauen, Hunde, Könige und Königinnen und Spatzen gehörten zu den Dingen, über die der Humorist auch noch sprechen wollte. »Hunde«, erläuterte er, »wo sind sie? In München haben wir mehr Hunde als Menschen und sie tun Dinge, an die wir Menschen nicht einmal zu denken wagen. »Und eure Damen, die sind so schön. Früher hatten wir auch solche — unsere Prinzessinnen, Eure Stenographen kleiden sich wie einst unsere Adligen, Jetzt können wir sie nicht mal mehr auf die Bühne lassen. Das deutsche Publikum würde keine Adligen ansehen oder anhören, wenn sie nicht in Pelz gekleidet wären.« Daraufhin blickte uns Roda Roda mit hoffnungsloser Verzweiflung an und erklärte, dass es in Deutschland keine Pelze mehr gäbe, außer in Schaufenstern und für Herrn Stinnes [*Hugo Stinnes war ein deutscher Großindustrieller*].

Und für die Habsburger. Unser Besucher war ziemlich entrüstet über die Art und Weise, wie sich Amerika gegen sie gestellt hatte. »1740«, erklärte Roda Roda, »hatte Österreich-Ungarn eine einzige Habsburgerin, Kaiserin Marie Theresia, hundert Jahre später waren es 1000, und wenn die Alliierten das friedliche Wachstum nicht gestoppt hätten, hätten wir jetzt vielleicht 10 000.«

Roda Roda zählte weder den verstorbenen Kaiser noch seine Nachkommen dazu.

Die wichtigsten Einwände, die unser Besucher gegen New York hat, seien, dass es keine Gondeln gebe, dass der Januar im April komme, dass amerikanische Mädchen nicht in Butterschlangen stehen müssten, damit sie dicke Knöchel entwickeln könnten, und dass Scheidungen so schwer zu bekommen seien. »Warum macht ihr es nicht so wie wir in München?«, fragte er. »Dort zählt das erste Mal nicht, es sei denn, es klappt. Man braucht sich nie die Mühe zu machen, sich von der ersten Frau scheiden zu lassen. Eure Gerichte sind so sehr mit der Scheidung von Kriegsbräuten beschäftigt, dass sie keine Zeit für die Arbeit haben.«

Zur Information des Lesers: Roda Roda ist seit achtzehn Jahren verheiratet — ein Rekord in Münchner Künstlerkreisen. Seine Frau hat keine lebenden Verwandten mehr, und er hat alle seine eigenen nahen Verwandten längst enterbt und verstoßen.

DIE ÜBERFAHRT

An Bord der *Yorck*,
auf der Höhe von Neufundland

Gnädiges Fräulein!
Sie haben mir befohlen, Ihnen die Erlebnisse meiner Reise haarklein zu erzählen — und hier mein erster Bericht, schon aus dem Ozean.

Sie wollen meinen Spuren folgen — doch glauben Sie mir: es wird Ihnen nicht ganz leicht werden, nach Amerika zu kommen. Der Konsul der Union verlangt von Ihnen (nebst zehn Dollar Visumgebühr): Geburtsschein, Zeugnis über guten Leumund und Gesundheit. Denn die Union will weder Krüppel noch Kranke einlassen, noch weniger »Anarchisten und Polygamisten« — und die Zahl der Einwanderer aus Europa ist beschränkt: es darf sich keine Volksgemeinschaft drüben um mehr als drei vom Hundert jährlich durch Zuzügler vermehren. Wenn Sie verheiratet oder geschieden wären, müssten Sie es durch Dokumente erweisen... auch wenn Sie Ihren Mann daheim in Europa zu lassen gedächten.

Am schwersten (nun horchen Sie auf, gnädiges Fräulein), am genauesten nimmt es die amerikanische Behörde mit den Bräuten: Ihr Verlobter wird Ihnen an Eides Statt und schriftlich versichern müssen: er erwarte Sie in New York am Landungssteg, und auf dem Steg selbst wird man Sie vermählen; erst als eines Amerikaners Gattin dürfen Sie amerikanischen Boden betreten.

Gemach, so weit ist es einstweilen nicht: Sie stehen ja noch in Europa, in Bremen. Müssen da abermals zwei ärztliche Untersuchungen über sich ergehen lassen, eine ziemlich ausführliche Pass- und Zollformalität — und nach Erlag von 125 Dollar Fahrgeld, acht Dollar Kopfsteuer bekommen Sie Ihr Schiffsticket... Falls Sie es nämlich zwei Monate vorher bestellt haben; denn die Plätze auf den deutschen Schiffen sind sehr begehrt.

Viele der Plackereien bleiben Ihnen so gut wie erspart, wenn Sie die Empfehlung eines prominenten Amerikaners beibringen oder eine Kajüte erster Klasse nehmen; doch es gibt wenig deutsche Schiffe, die erste Klasse führen, weil Deutschland doch neun Zehntel seiner besten Tonnage durch den Krieg und Friedensschluss verlor; es wird Jahre dauern, ehe die neuen, großen komfortabeln deutschen Dampfer fahren.

Eines Abends gehen Sie in Bremerhaven an Bord — die Musik spielt »Muss i denn« und »Deutschland über alles«... Haben Sie schon tausend Frauen gleichzeitig weinen hören? Soviel Weh sollte doch wie ein Strom brausen; und lacht erstaunlich leise, wie ein Wiesenbächlein.

An Bord also... Ihr erster Blick gilt der Kabine. Wie entmutigend eng, wie klamm ist das Behältnis — ach, nicht viel größer als ein Abteil des Schlafwagens — und Sie müssen es mit drei andern Damen teilen.

Ja, gnädiges Fräulein, Sie sind eben Gast der »Kajüten« — zu deutsch zweiten Klasse — auf der *Yorck*, einem ziemlich alten Dampfer, der ehedem die ostasiatischen Linien befuhr. Warum haben Sie sich auf dies strapaziöse Abenteuer eingelassen? Habe ich Ihnen nicht jenen alten Baron zitiert von der baltischen Insel Ösel, der also zu seinem Sohne sprach: »Bleib' im Land! Mit eijenen Pferden kannst du nich hinüber — amerikanisch sprichst du nich — überhaupt habe ich jehört, dass der Kaiser von Amerika die öselschen Barone gar nich liebt.«

Ich, gnädiges Fräulein, traf es übrigens besser als die meisten: Ich bekam ein winziges Kabinchen allein mit Herbert Eulenberg und durfte so zwölf Tage die Gesellschaft eines Dichters genießen.

»Zwölf Tage?« fragen Sie erschrocken. Jawohl, so lange dauert die Überfahrt.

»Und das haben Sie ertragen, Roda, ausgehalten?«

Wirklich, Gnädigste, es war gar nicht schlimm. Ich will Ihnen solch einen Tag auf See beschreiben:

Des Morgens um sieben weckt Musik Sie auf zum Bad — Sonntags zur Messe. Um halb acht ruft das Flügelhorn zum ersten Frühstück; das Frühstück ist so üppig, wie wir im armen Europa es seit Jahren nicht mehr gewohnt sind; wohl zwanzig der besten Dinge aus alter und neuer Welt. Ich empfehle Ihnen besonders Grapefruits, riesige Zitronen von milder Säure, und das zarte Roastbeef. Vormittags können Sie auf Deck spazieren, Shuffleboard spielen (eine Art Kegelschieben oder Diskuswerfen), können im Liegestuhl auf Deck mit Ihren Freunden plaudern. Zwölf Tage Fahrt: die Gäste des Schiffes sind am dritten schon eine Familie. — Um zehn bekommen Sie eine Tasse Bouillon — um eins ruft das Geflügelhorn Sie schon wieder: zum Lunch — einer recht langwierigen Zeremonie, die mit pikanten Fischen beginnt und auf allerhand fleischlichen Umwegen über Fasanen bis zu Fruchteis führt. Die Detaillierung des Diners ersparen Sie mir lieber: sie würde Ihren kontinentalen Neid erwecken.

Essen und Musik — Musik und Essen; auf Deck sitzen und plaudern: viel mehr bietet und erlaubt das Leben nicht an Bord. Denn der Mensch unterliegt, sei er auch noch so seefest, auf den schaukelnden Planken mindestens der leichtesten Form der Seekrankheit, einer Blutleere des Gehirns, die einen entschlusslos macht und unfähig zu geistiger Arbeit.

Ich hatte — wir hatten maßloses Glück: Zehn Tage vergingen bei ruhiger Luft. Nur etliche Stunden Nebel — in der Nordsee, und dann wieder auf der Höhe von Neufundland. Nur einmal schwere Dünung — als wir die gefürchteten »roaring forty« passierten, das »Teufelsloch« am 40. Längengrad. Dafür am nächsten Morgen im Golfstrom (45° w. L. von Greenwich) so warmer Sonnenschein, dass wir uns — im Winter — bei 14° C. ohne Überzieher ergingen. Es sind jetzt ungewöhnliche Winter seit einer Reihe von Jahren; schon Ende November pflegen sich am Polarkreis die Eisberge zu lösen — seit Anfang Dezember (statt, wie früher, Mitte Januar) fahren die Ozeandampfer den südlichen, eisfreien Kurs.

Die Seekrankheit… Es gibt Frauen an Bord, die ihre Kajüte noch keine Stunde verlassen konnten — nicht einmal an den sonnigsten Tagen. Heute, wo es draußen nur ein wenig grollt, muss der Kapitän schon als Trostspender umhergehen: »Wie steht das werte Übelbefinden?« — Eine Dame wimmert: »Ach, Kapitän, sagen Sie mir doch ein Mittel gegen die »…« — »Es gibt nur eines«, antwortet der Kapitän verbindlich, »Sie müssen sich unter einen Lindenbaum legen.«

Unser Obersteward hat an die zweihundert Ozeanfahrten hinter sich; er rät geröstetes Brot und etwas Sekt als einzige Nahrung an.

»Und vor allem, Madame, Ihren Gemahl, der da aufgelöst an Ihrer Brust ruht — den schicken Sie in die Kabine!« — »Herr«, ächzt die Dame, »den aufgelösten Mann an meiner Brust kenne ich nicht.«

Es ist ein verhältnismäßig ruhiger Tag; langsam stampfend, auf und nieder, auf und nieder schneidet der Kiel die Wellen.

Einige Stunden darauf schieben sich dräuendere Kämme von Backbord an. Ein seltsames Straffen geht durch Rückgrat und Muskel des Dampfers — es knistert in den Gebälken, surrt und zittert wellenweis, wenn die Schraube für Augenblicke aus dem Wasser taucht. Der Wind spielt Harfe in den Wanten. Im Nu sind Deck und Geländer von Seekranken brechend voll. Demoralisation. Vergebens ruft die Trompete zum Mahl: nur spärlich erscheinen die Gäste an den Tischen. Und die Tische sind mit Schlingerleisten beschraubt, und zwischen den Leisten rodeln die Teller, und der Wein spritzt aus den Flaschenhälsen, und die Stu'ds (Stewards) üben ihre Parterre-Akrobatik, balancieren ihre Schüsseln, und... oh, ich beschreibe es nicht — aus Reinlichkeitsgefühl beschreibe ich es nicht...

Da möchte so mancher lieber sterben als leben. — Inmitten des schmutzigen Festes aber steht ahnungslos, höchlich verwundert, mit einer Zigarre in den Lippen, der Pfarrer aus Oberungarn und fragt: »Was haben die Herrschaften nur?« Er versteht diese Menschen nicht; er kommt aus den Karpaten, hat noch nie im Leben von Seekrankheit gehört, weiß sich das Bild rundum gar nicht zu deuten.

Auf und nieder, langsam auf und nieder, in spondeischem Takt schneidet der Kiel die Wogen. Nun ruhige Wogen. In dem mächtigen eisernen Rumpf, der da aus der alten Welt zieht in die neue, sind bunte Schicksale eingeschlossen, ganze Welten. Welten, für zwölf Tage geschaffen. Eine sorglose im Salon. Eine bekümmerte im Zwischendeck. Eine rußige, schwerarbeitende im Maschinenraum. Manchmal erscheint ein rußiger, schwitzender Hephästus für Sekunden auf der Oberfläche — atmet — steigt wieder in feurige Tiefen — und es ist dann, als komme ein dumpferes Poltern, neues Rumoren aus den Eingeweiden des Dampfers.

Auf und nieder, langsam auf und nieder, in spondeischem Takt schneidet der Kiel die Wogen. Wer ist die lachende Menge im Salon? Oh, eine Musterkollektion des Erdenvolkes: im Otterpelz die Gattin eines Gesandten, schlank und blank, groß und jung und täglich schöner — wir nennen sie »das Schneeglöckchen«. Mit dem Pfarrer zwölf zwölfschrötige Novizinnen, Krankenschwestern der heiligen Tramplagunda. Ein deutscher Missionar dazu, der amerikanischer Bürger werden möchte, um wieder zu seinen geliebten Menschenfressern nach Polynesien zu können — was die Australier einem Deutschen jetzt verbieten. Ein Wiener Bildhauer, der es drüben versuchen will, da er daheim nicht mal das Modellgeld erarbeiten konnte. Ein dicker Pennsylvanier. Ein hagerer »Kanuck« (Franzose aus Kanada). Ein geschniegelter Ostjude in erster Verdünnung. Eine achtzehnjährige Farmerin — von indianischem Typus, wiewohl sie Tochter württembergscher Eltern ist. Zwei Berliner Artisten, muntere, blonde Jungen, die gerührt erzählen, wie glücklich sie ihre greisen Eltern daheim mit ein paar Dollar gemacht haben. — Im ganzen: bürgerliche Mittelschicht. Die Gesandtin möchte Bridge spielen; ich finde wohl im Kanadier einen Partner, doch keinen vierten Mann. Hingegen drischt man Skat und Pinochel im Rauchzimmer. Das sagt alles.

Die Uhr geht nun vier Stunden gegen europäische Zeit zurück. Und immer noch kommen täglich aus den Kabinen Leute, die man noch nie gesehen hat; die sich erst allmählich an das Stampfen des Schiffs gewöhnten, die Seekrankheit überwanden. Immer noch umkreisen Möwen das stampfende Schiff, und Delphine springen aus der Gischt.

Kein Wort Englisch an Bord des wohlfeilen Bremer Dampfers. Selbst der Pennsylvanier redet sein drolliges Deutsch: »Charlie ist über den Fens gedschömpt (Zaun gesprungen) und hat den ganzen Köbidsch gedämätscht (Kohl beschädigt).« Dieser Pennsylvanier führt sonderbares Gut mit sich nach Amerika: eine Meute deutscher Schäferhunde und 2000 Kanarienvögel, Harzer Roller; sie erfüllen den Gepäckraum mit ihrem Zwitschern, und die Hunde läuten auf dem Oberdeck.

Man spricht deutsch an Bord — und fast immer vom Dollarstand und der Prohibition. Die Amerikaner erzählen, wie man drüben die Whiskyflaschen in eigenen, der Körperform angepassten Flaschen bei sich trage, gleich Zigarrendosen. Den Dollarstand aber erfahren wir täglich durch drahtlose Telegramme.

Wir bekommen auch täglich eine gedruckte Zeitung mit den neuesten Nachrichten aus Nauen; wir können für sechzig Cents »Ozeanbriefe« nach Europa zurückschicken, und von New York kommen täglich Begrüßungstelegramme wartender Gatten und Väter. Noch mehr: wenn der Kapitän anhaltenden Nebels wegen etwa die Orientierung im Weltmeer verloren hat, ruft er drahtlos die amerikanischen Küstenstationen an; sie sagen ihm aus der Herkunftsrichtung der elektrischen Wellen die geographische Lage des Schiffes an: Radiopeilung.

Das trockene Amerika naht. Man muss hier auf dem Dampfer die Getränke in Dollar zahlen: sie sind gleichwohl dreimal wohlfeiler als in New York — und wer sich irgend liebt, verkauft denn auch vor der alkoholfreien Dreimeilengrenze im Rauchzimmer an Bord geschwind noch Omas kleines Häuschen, die erste und die zweite Hypothek.

Malzumal steigt aus dem Schiffsbauch für Sekunden ein rußiger, schwitzender Hephästus und kehrt wieder in sein Flammenreich. Auf und nieder, langsam auf und nieder, in spondeischem Takt schneidet der Kiel die Wellen.

Eines Nachmittags passieren wir das Leuchtschiff von Nantucket, Winnetous rote Lustjacht, und grüßen mit Flaggenwinken und Sirenenschrei das erste Sternenbanner. Die Matrosen machen das Fallreep klar: in der Nacht kommt der Lotse.

Und in majestätischer Frühe löst sich von der Kimmung das erste Land — Segel, rauchende Schlote — immer mehr — die Freiheitsstatue, hell in salziger Patina — die Wolkenkratzer, immer höher: Amerika, Neuland — und eine strahlende Sonne darüber wie Verheißung.

DER VERKEHR

Von den Vororten spreche ich nicht: Brooklyn, Long Island, Jersey City, Richmond. Das eigentliche New York reicht als rechteckige Halbinsel (Manhattan) in einen der besten und größten Häfen der Erde. 250 parallele Straßen queren die Halbinsel, 13 Avenues schneiden sie der Länge nach: das ist New York. Der Broadway schlängelt sich, ein reißender Strom von Autos und Menschen, durch die Stadt. Es gibt keine Stadt, wo man rascher und leichter Bescheid weiß.

Drei Untergrund-, zwei Hochbahnen rasen Tag und Nacht auf und ab, nach Süden, nach Norden, in der Flucht von drei Avenues. Um acht Uhr morgens, um fünf nachmittags ist das Gedränge lebensgefährlich.

Man wirft seinen Nickel, fünf Cents, in einen Schlitz, passiert das Drehkreuz und kann nun in alle Ewigkeiten fortsausen: mit dem Express, der nur an jeder zehnten Straße hält, mit dem Lokaltrain. Das Drehkreuz enthält eine beleuchtete Kammer mit Vergrößerungslinse: dein Nickel bleibt eine Weile als Vollmond sichtbar aller Welt; ein falscher Nickel bringt dir fünf Tage Haft ein.

Der Zug braust an; selbsttätig öffnen sich die Wagentüren; du stehst oder sitzest in dem verrußten Gefährt. Ein lautsprechendes Telephon ruft durch den ganzen Zug die nächste Haltestelle aus.

An der Kreuzung der 42. Straße und Vierte Avenue liegt ein unterirdischer Bahnhof, »das Labyrinth«. Man sagt: ein Fremder sei dort tagelang umhergeirrt und endlich verhungert. Das musste er nicht: der unterirdische Bahnhof hat viele unterirdische Restaurants.

Ein Blizzard, Schneesturm, galoppiert durch die Straßen und verschüttet und verschönert für Stunden die herrliche Stadt. Für Minuten ist aller Verkehr festgebannt. Alsbald wirbeln die Schneepflüge der Trambahnen. Unter der Erde hastet das Treiben weiter.

Es gibt Inseln im Meer der Fifth Avenue, die den Fußgängern vorbehalten sind. Kein Auto darf die Insel durchflitzen. — Ich stehe nebenan, inmitten der Fahrbahn. Ein unbekannter Mann zieht mich auf die Insel zurück. Und sagt mir:

»Sie werden hier ebenso sicher überfahren; haben dann aber Anspruch auf Entschädigung.«

Das riesige New York fasst hundert Städte zusammen: ein Liberia, wo Negerbourgeoisie haust; ein Peking der Chinesen; ein Budapest (die Zweite Avenue heißt Gulasch-Avenue); zwei Ghettos oder mehr; ein Neapel nächst dem Washington Square; ein Valona, ein Athen, ein Cetinje. Immerfort sind die Völker auf der Wanderung: wo voriges Jahr noch Juden wohnten, dringen heuer Iren ein. Der erste Neger mietet: und die Häuser an der Straße fallen im Preis. Die Quartiere haben ihre Geschichte — und alte New Yorker kennen die Geschichte.

Doch es gibt keine alten New Yorker: nur ein winziger Bruchteil der Einwohnerschaft ist hier geboren.

Nur wenig Häuser sind über dreißig Jahre alt. Nur wenig Häuser, außer den Wolkenkratzern, sind bestimmt, stehenzubleiben; sie sind für fünf, sechs Jahre aufgeführt: um fürs erste die Grundsteuer hereinzubringen. Eines Tages fährt jene grausame Maschine an, die einem Bagger gleicht und dies provisorische Haus mit ihren Axtschlägen zertrümmert. Sprengschüsse dröhnen, vom Donner der Hochbahn, Tuten der Autos sofort erstickt — ein Stahlskelett reckt sich und wird mit schrecklichem Surren genietet.

Im Hui ist ein zwölf-, zwanzigstöckiger Bau aus dem Felsen von Manhattan gewachsen. Immer noch nichts Bleibendes: nur ein einstweiliger Wolkenkratzer, dessen Baugerüst »man erst abtragen darf, wenn die Wände tapeziert sind« — (sonst fiele er ein) — ein Wolkenkratzer, der in allen Fugen zittert, in dessen obern Stockwerken ewiges Erdbeben ist — ein Zeitungspalast vielleicht, ein Bureauraum, wo man die Tischplatten an Ketten muss von den Zimmerdecken hängen lassen, um schreiben zu können — ohne Zwischenwände achtzig Redakteure und 200 Tippfräulein arbeitend in einem Saal...

Das ist New York. Granit und Pappe, endlose Bewegung, Taumel des Geldverdienens. Wer New York, sagt man, drei Monate nicht gesehen hat, erkennt es nicht wieder.

Geldverdienen früh und spät, die Nervenmühle.

In den Pausen dazwischen aber Mystik, Religion, Kunst, Romantik, Weihe, Sentiment; Abreagieren der Tagessorge.

BROADWAY BEI NACHT

In vier, in acht Kolonnen, hin und wieder, jagen die Autos, orangegelb und dunkelblau — malzumal auf den Fleck gebannt vom weißen Handschuh eines baumlangen Schutzmanns.

Dunkel in den Abendhimmel steigen und verlieren sich die Wolkenkratzer.

Dieser dunkle Abendhimmel aber ist von Milchstraßen überflutet — drei Dimensionen, das Firmament ist voll davon: weißglühende, rotglühende, goldgrüne Reklame. Licht steht zahllos — wie Blumen auf den Alpenhängen. Das schießt und springt und lodert und blitzt, flattert, wächst, verlischt und quillt, das ragt und fällt — in Kaskaden, in Purzelbäumen, in flammenden Schlangen, in Myriaden, in Atomwirbeln, in Feuerwolken; schwört und preist, hämmert, verheißt: »Limonade Clicquot — ist die Beste«; nein, »Limonade Club« — denn ihr Name wettert über vier, sieben, neunzehn Stockwerke. »Mersons Butter ist eine gute Butter«; »Whatever you do, read the Daily News.« Und gigantische Buchstaben, Worte, Sätze wandern in Doppelreihen — von rechts nach links, wie Soldaten: »Übersetzungsbureau — Übersetzungsbureau — Übersetzungsbureau.«

In den Lüften hoch, wo du nur noch Gott vermutet hast, kreischt es funkelnd: »Sonora — das Grammophon«; und eine gleißende Glocke bammelt: »glockenrein — das beste Grammophon«; bammelt dreimal, verschwindet — ein lilagelber Papagei schwingt sich auf ihre Stelle.

Dies Strahlenmeer ob dem nächtlichen Broadway ist das sinnfälligste Himmelsschauspiel der alten und neuen Welt, ist Ausdruck einer überstarken Menschheit.

ZWEI PLANETEN

Die Interviewer kamen und gingen wieder. Jeder redete zu mir. Und ob ich nickte oder verneinte — ganz gleich — jeder schrieb, was er selbst gesagt hatte, als meine Meinung nieder.

Nachdem der zwölfte Interviewer gegangen war, trat eine kleine Pause ein. Ich wartete unruhig auf den dreizehnten. Vergebens, er blieb aus. Da beschloss ich, mich selbst zu interviewen. Ich habe es nun schon so oft mitgemacht — ich weiß, wie man es anstellt.

— Herr Roda Roda, sind Sie schon lange in Amerika?

Drei Wochen, Mister... Verzeihen Sie. ich habe Ihren Namen nicht verstanden; ich weiß nur, dass darin etliche lange —oa— vorkommen.

— Wollen Sie noch eine Zeitlang bleiben?

Bis ich mich unmöglich gemacht habe. Also etwa vier Monate, schätze ich. So lange hat man mich bisher noch überall geduldet.

— Gefällt Ihnen Amerika?

Wie originell Sie fragen! Es geht mir hier wie dem türkischen Eulenspiegel Nassr'eddin. Er lag zu Bett und schlief. Da träumte ihm, sein Nachbar zahle ihm neun Groschen auf die Hand. »Gib mir auch den zehnten«, bat Nassr'eddin. Der Nachbar weigerte sich, und sie stritten. In der Erregung des Streites erwachte Nassr'eddin und fand seine Hand leer. Rasch schloss er die Augen wieder: »Lass sein, Nachbar, ich begnüge mich schon mit neun Groschen.« — Auch mir scheint Amerika wie ein schöner Traum. Ich fürchte zu erwachen und wieder in Europa zu sein.

— Demnach befinden Sie sich in Amerika sehr wohl?

Es ist ein grundsätzlicher Irrtum der Geographie und eine Pedanterie unsrer europäischen Schulmeister, Amerika einen andern Erdteil zu nennen. Amerika ist ein andrer Planet. Eure Technik, euer Optimismus, eure Arbeitskraft — schön und großartig. Ich glaube: auch wenn ihr Dummheiten macht, müssen es ganz kapitale Dummheiten sein.

— Oh!

Widersprechen Sie nicht! Alles ist imposant. Schon die Einwohnerzahl von New York: zwanzig Millionen.

— Wie kommen Sie zu dieser Ziffer?

Durch Addition natürlich. Es war ein Italiener bei mir, der sagte, es gäbe hier zwanzig Prozent Italiener, anderthalb Millionen. Ein Jude gab anderthalb Millionen Juden an. Dann Deutsche, Russen, Skandinavier, Franzosen, Tschechen, Südslawen, Rumänen... von allen gibt es hier mehr als in irgendeiner Stadt Europas. Wenn Sie alles zusammenrechnen, finden Sie, dass New York über 300 Prozent Einwohner hat, insgesamt zwanzig Millionen.

— Einige New Yorker sind doch auch hier geboren.

Die hatte ich vergessen — dann geht die Rechnung noch höher. Hier reicht eben alles in den Himmel — nicht nur die Paläste. Mit Deutschland verglichen, ist es ein Schlaraffenland. Candies, Candies aller Ecken, und immer neue Läden erstehen; in längstens drei Jahren wird New York eine einzige Konditorei sein. — Ihr habt Fahrstühle, die wirklich fahren; die Zentralheizung gibt Wärme. — Man gibt mir einen zugeschnürten Packen in die Hand; ich versuche die Schnur zu zerreißen, wie man das in Deutschland immer mit zwei Fingern macht; zu meinem Erstaunen aber reißt die Schnur nicht; da zücke ich mein deutsches Messer; und es zeigt sich, dass die amerikanische Schnur härter ist als das deutsche Messer. — Euer Leder kommt aus der Gerberei; unsres aus der Papierfabrik.

Eure Butter kommt vom Land. Eure Kartoffeln sind nicht faul. Und ihr habt Fleisch, das man schneiden kann. Die Milch hier ist undurchsichtig. Ihr habt Kaffee aus Bohnen. Wenn Schnee in New York fällt, ist er schwarz; nicht einmal der Schnee in Amerika ist wie bei uns. — Was ihr Verkehr nennt, hieße bei uns schon Panik. — So elegant wie bei euch die Tippmamsellen sind bei uns nur die Prinzessinnen. — Es ist wahr, manches bei euch mutet uns sonderbar an; Ihr alle seid polizeilich nicht gemeldet; eure Polizisten tragen keine Waffe und sind höflich; der Kirchturm ist das niedrigste Gebäude der Stadt; dafür treibt die Kirche Lichtreklame; man zündet Licht nicht an, um zu sehen, sondern um beachtet zu werden; der drahtlose Telegraph ist das Spielzeug eurer Kinder; die Kinder befehlen; der Vater kocht und putzt der Frau die Stiefel. — Amerika ist das Land, wo man liegend rasiert wird, stehend isst und von der Tagesarbeit ausruht, indem man stundenlang einem kleinen Ball nachläuft. Man behält hier in der Eisenbahn den Hut auf und nimmt ihn im Fahrstuhl ab; elf Greise entblößen die Häupter, wenn ein zehnjähriges weibliches Rotznäschen in den Fahrstuhl tritt. Und auf der Straße spuckt man. Dafür gibt es hier auf der Straße keine Hunde, Sperlinge und Kinderwagen; bei uns genießen die Hunde öffentlich Freiheiten, die keinem Menschen zustehen. — Komisch ist euer Wetter: ihr habt von Januar bis Juni April. Auch in Venedig ist es nass; dort gibt es aber Gondeln.

— Sie sprechen von Dummheiten. Meinen Sie die Prohibition?

Habt ihr Prohibition? Verzeihen Sie — ich bin erst drei Wochen im Land — da hatte ich es noch nicht bemerkt.

— In Deutschland trinkt man wohl immer noch viel?

Meist Tee. Man macht Tee bei uns, indem man Heu in lauwarmem Wasser wäscht.

— Demnach eine neue Industrie?

Ja, manche Industrien in Deutschland blühen. Es erzeugt zum Beispiel unsre Reichsdruckerei mehr Banknoten als irgendeine Anstalt auf Erden. In der vorigen Woche entstanden soviel Banknoten, dass man nur ein Band aus ihnen zu bilden brauchte, und man konnte es um die ganze Erde wickeln. In dieser Woche ist der Rekord gebrochen worden: die Banknotenerzeugung reichte dreimal um den Mond. Eine achtunggebietende Leistung. Da kommt ihr nicht mit.

— Sie haben darum auch die große Teuerung in Deutschland.

In New York ist alles viel teurer. Ein Mantel kostet hier neunzig Dollar. Dafür kaufe ich mir in Deutschland ein Landhaus, nehme eine Hypothek darauf und schaffe mir aus der Hypothek einen Mantel an.

— Der Interviewer sieht nach der Uhr. Ich merke, ich habe seine Geduld erschöpft und drücke ihm zum Abschied warm die Hand.

»Mein Herr«, sage ich ihm, »Sie können ruhig behaupten, eine Stunde mit dem größten Satiriker Deutschlands verplaudert zu haben. Meine Kollegen sind nämlich zur Zeit so beschäftigt mit Selbstanbetung, dass sie meine Überhebung gar nicht merken werden.«

DIE PROHIBITION

Noch immer erster Gegenstand des Tagesgesprächs.

Sie ist nicht plötzlich gekommen: die Staaten Maine, New Hampshire, Vermont, Kansas, Norddakota sind seit vielen, vielen Jahren ›trocken‹.

Freunde wie Gegner des Alkoholverbots setzen sich aus Idealisten und den zahllosen Interessierten zusammen. Die idealistischen Gegner führen das Wort »Freiheit« im Mund. Gegner aus materiellen Gründen sind natürlich die Gastwirte, ehemalige Schnaps- und Bierbrauer, die Kartoffelfarmer. Wein baut man nur in Kalifornien und Florida an — die getrockneten Trauben finden reißenden Absatz — die Weinbauern sind jubelfroh. Die »armen« Bierbrauer (der Staat hat sie nicht entschädigt) müssen Eis erzeugen, Ginger Ale und Near-Bier.

Wer aber hat die Prohibition durchgesetzt? Man sagt: die Großindustrie. John D. Rockefeller allein soll hundert Millionen Dollar darangewendet haben. Nur aus Sorge um die Volksgesundheit? Ich glaube es. Doch es gibt Leute, die ihm andre Motive unterschieben:

Der amerikanische Arbeiter liebte, »blauen Montag« zu machen. Er legte einen erheblichen Teil seines Lohnes in Alkohol an. Die Großindustrie entzog dem Arbeiter den Alkohol, um den Arbeiter zum Sparer zu konsolidieren, zum Kleinrentner zu machen, vor Bolschewismus zu bewahren. Das ist vollauf gelungen, die Sparkonten der Arbeiter sind unermesslich gewachsen. — So lehrt man mich. Es wäre weitsichtige Kapitalistenpolitik.

Die Prohibition ist Bestandteil der Unionsverfassung. Allein die Verfassung trifft nur »berauschende Getränke«; sie definiert nicht, was unter einem berauschenden Getränk zu verstehen sei. Zur Zeit legt man den Begriff so aus, dass er Flüssigkeiten umfasst mit einem Gehalt von mehr als einem halben Prozent Alkohol. Die Gegner der Prohibition hoffen, sie würden zunächst leichten Wein und Bier freibekommen — ohne Änderung der Verfassung, durch bloße Ausdeutung des Gesetzes... Auf diese ferne Hoffnung hin sind die Mieten der Ecklokale schon sinnlos gestiegen. Übrigens hat man im Staat New York die Geheimagenten der Prohibitionsaufsicht aus den Gasthöfen zurückgezogen: vielleicht ein erster Schritt.

Seit Einführung der Prohibition hat angeblich die Zahl der Verbrecher zugenommen. Die Einführung geschah zur Zeit des Krieges. Auch bei uns, die wir den Alkohol nicht verboten, haben die Verbrechen in den letzten Jahren sich sehr gemehrt; wir bürden die Schuld dem Krieg auf.

DIE FRAUEN

Sie herrschen hier und werden verzärtelt. Ich sehe das American Girl glorifiziert in Bild und Vers, durch Lied und Drama, Kino und Statue: das junge, überschlanke Mädchen mit bezaubernden Zügen, großen Augen, aufgeplustertem, nackenkurzem Haar.

Ich sehe auf der Fifth Avenue lachende Scharen mit kleinen Federhüten, kostbarem Pelzwerk, in Seidenstrümpfchen und Lackschühchen, Halbstiefeln von Gummi. All die Frauen so elegant, wie wir es in »Juröp« nie und nimmer gewohnt sind.

In den Theatern sitzen sie und flirten mit ihrem Kavalier — nackenkurz das Haar und aufgeplustert; schwarze Kleider, fast bis zum Hals geschlossen — doch die Arme bloß und die Achselhöhlen rasiert.

Man trägt das Haar jetzt schwarz, mindestens dunkel; superoxydblond sind nur Ladenmädchen.

Und fast alle, alle jungen Damen weiß und rot geschminkt; dunkle, feine Brauen, Purpurlippen und lackierte Nägel. Eine Zeitung hat ausgerechnet, man gebe in den Vereinigten Staaten jährlich drei Viertel Milliarden Dollar für Schönheitsmittel aus — nicht mehr als für die Schulen.

Zehn Männer sitzen in ernster Erwägung, in schwierigen Geschäften — eine Frau tritt ein und reißt das Gespräch sogleich an sich.

Zwanzig Männer warten am Schalter — die Dame kommt und redet als erste den Beamten an.

Sie beansprucht in der Eisenbahn vier Plätze.

So verloren über dich weg ins Nichts kann nur eine Amerikanerin blicken. Du, der Fremde, bildest dir wohl ein, zu sein. Du irrst aber; objektiv bist du nicht vorhanden.

DIE SHOW

Die Show beginnt um Mitternacht und endet um zwei. Zusammenhanglose Aufeinanderfolge grotesker, pittoresker und heiterer Szenen, Aufzüge, akrobatischer Tanzleistungen — und in unserm Fall endete die Show mit Springen und Tauchen von vier sehr schönen Mädchen in ein riesiges durchsichtiges Becken. Dazu eintönig-reißerische, scharf-rhythmisch-quäkende Musik von Klavier, Geige, Saxophon und einer Trommel, die sich beim Schlagen, Bürsten, Reiben taktgemäß rotgrün erleuchtete.

Zu Beginn wandelten die Darsteller einzeln über die Bühne — ein Spruchband gab (wie im Kino) die Namen an. Zum Schluss schritten die Figuren, wiederum einzeln und paarweis langsam vorüber, um den Beifall einzuheimsen — und die Musik schmetterte dazu als Reminiszenzen die Schlagernummern des Abends.

Wir waren bezaubert von der Gelenkigkeit, Muskelkraft der Tänzer und Tänzerinnen; der fürstlichen Pracht der Ausstattung, der Kostüme, der Lichtfülle, dem Raffinement der Regie. Dergleichen hatten wir Europäer nie gesehen.

Am nächsten Morgen schüttelten Einheimische die Köpfe über unsern Enthusiasmus. Eine Show im Broadwalk? Keine der von uns bewunderten Kräfte, nicht einmal das Etablissement selbst war dem Einheimischen bekannt. Wir hatten eine Veranstaltung vierten Rangs gesehen.

DAS KINO

Man brachte mich in das Kapitol, das größte Kino der Erde, für 5000 Zuschauer. Es spielt von Mittag bis in die Nacht und ist immer dicht besetzt, ausverkauft. Hunderte von Menschen warten stehend auf Sitzplätze, die erst frei werden müssen.

Das Haus zeigt allen Luxus eines großen Hoftheaters. Breite Vorhallen. Und Licht — überall Licht. Sieht man über die schreienden Reklamen weg für den Star des Tages, so muss man den Geschmack, die Eleganz der Innenarchitektur bewundern. 5000 Polstersessel, amphitheatralisch ansteigend. Ruhige, große Linien: kühn schwebende Balkone, Lauben; ein unermesslicher erster Rang.

Vorzügliches Orchester von achtzig Musikern. Dann Gesang, der sich in dieser Unendlichkeit allerdings verliert — ebenso wie die Person des Sängers auf der Riesenbühne. Die Bühne, grünlila bestrahlt — im nächsten Augenblick schon erscheint sie rosig abgetönt — oder sanft blau. Ausgeklügelte, wirkungsvolle, sehr schöne Effekte, keineswegs kitschig. Es folgt eine Tänzerin, brillant geschult, in einer Szene, die man »Die Spieluhr« nennen könnte. Vielleicht zu intim für diese Perspektive.

Endlich das Kinostück; heiter und einfach in der Handlung, sonnenklar im Bild. Die Fabel nimmt einigermaßen die Partei der Iren gegen die Engländer. Ein liebliches Kind aus Irland, halb kleiner Lord Fauntleroy, halb Madame Sans-Gêne, gerät in ein vornehmes englisches Haus, siegt über engherzige, reiche Verwandte und führt den Helden heim. Eine Miss Tailor, wunderhübsch, süßlich hübsch, macht ihre Sache allerliebst. Zum Schluss wird sie — als Lady — dem englischen Königspaar vorgeführt; und löst die pathetische Situation durch eine kleine höhnische Grimasse in Komik auf.

Der amerikanische Zuschauer ist offenbar naiv aufnahmsfähig, lässt sich gerne rühren und erlustigen. Kindern und Tieren gehört sein Herz. — Das Leben ist krass und erbarmungslos. Man reagiert es ab.

DIE WÄHRUNG

Im Lande des Hochdollars ist das Leben für den Europäer unerschwinglich. Ich möchte Ihnen eine Vorstellung von den Preisen geben, doch es fehlt mir Ungewandtem an Grundlagen des Vergleiches — ich weiß keine Dinge zu nennen, die einander in Europa und Amerika an Güte und Menge völlig gleichen.

Mein Zimmer in einem sehr guten, riesigen, allerdings nicht ganz modernen Gasthof kostet sechs Dollar täglich. Licht (sieben Birnen) und Bedienung (doch gibt es keine Klingel) sind eingeschlossen. Stiefelputzen auf der Straße. Was bietet dies Zimmer aber an Bequemlichkeiten und Einrichtungen! Ein doppelbreites Bett, Kleiderkammer (!), Baderaum; schöne Mahagonimöbel, Bilder und Teppiche; Briefpapier, Seife, Eiswasser, heißes Wasser, regulierbare Heizung, Ventilator; ich kann nach Boston vom Zimmer aus telephonieren, doch auch mit jedem Insassen des Hauses; wenn Briefe für mich unten eintreffen, erfahre ich es oben durch eine erleuchtete Inschrift; der Kasten für abgehende Briefe vor der Tür — hier oben im achten Stockwerk; der Lift in einer Sekunde zur Stelle; das Reinigen der Wäsche (dreißig Cents das Hemd) dauert nur Stunden; Telephonbuch von New York und Umgebung auf dem Schreibtisch, ebenso Fahrpläne, Landkarten; auf dem Nachttisch die Bibel — mit einem Verzeichnis jener Stellen, die in besondern Lagen des Lebens zu lesen wären....

Tee mit Zucker, Rahm, Toast, Butter am Morgen. 35 Cents. In einem Restaurant, wo Tippfräulein ihr Frühstück einnehmen, kostet der Lunch einen Dollar, besteht aus einer sehr reich garnierten Fleischspeise und einem süßen Nachgericht: Obstsalat etwa mit Schlagrahm. Zutaten und Zubereitung vortrefflich, von einer bei uns unbekannten Qualität. Weißbrot, Butter, Eiswasser, Zucker frei. Zwei Spiegeleier (Ochsenaugen) mag man für 35 bis vierzig Cents erhalten. Die vornehmen Gaststätten unterscheiden sich von den wohlfeilen eher durch Raumausstattung und Sorgfalt, Ruhe der Bedienung als durch Schmackhaftigkeit der gebotenen Nahrung. Das mindeste Trinkgeld im Restaurant: ein Dime gleich zehn Cents. Die wohlfeilste Zigarette anderthalb, die Zigarre fünf Cents.

Gute Schnürstiefel kosten fünf Dollar, die besten bis zu 17; sie sind dann aber auserlesen fein. Ein sehr eleganter Winteranzug fünzig Dollar. Ledermäntel sieht man nirgends.

Die Zeitung kostet drei Cents, Sonntags das Doppelte. Der einfache Brief nach Europa fünf Cents Porto. Der beste Platz in der Metropolitan Opera sieben Dollar siebzig Cents, der Stehplatz zwei Dollar zwanzig Cents; der beste Sitz im Kino 85 Cents.

Es ist, sagt man mir, alles etwa doppelt so teuer wie vor dem Krieg. Graut Ihnen?

...Als die Mark auf ihrem Tiefstand war — da erzählte man sich in New York von einem Mädchen, das auf die Bank gekommen sei, um einen Tausendmarkschein einzuwechseln.

Sie war bestürzt, als sie nur zwei Kupfermünzen erhielt. »O Gott«, rief sie, — »und ich habe den Kerl auch noch zum Frühstück behalten.«

EUROPÄISCHE PROPAGANDA, EUROPÄISCHE KUNST

Ich war im »Wissenschaftlichen Verein« der Deutschen New Yorks. Er hatte vor dem Krieg fünf- oder sechshundert Mitglieder, schmolz auf hundert zusammen und wuchs seither wieder auf das Doppelte. Um die Abgefallenen, versicherte man mir, sei es nicht schade; dafür hat manch ein Halbverlorener im Krieg für immer sein deutsches Herz entdeckt.

Es gab einen Vortrag: Professor Lehr aus Wien schilderte die Zustände in seiner Vaterstadt. Nicht der erste Vortrag dieser Art. Vielmehr wiederholen sich solche Veranstaltungen seit neun Jahren, 1914 — und sie brachten anfangs ungezähltes Geld ein für die Bedürftigen der alten Heimat. Wenn die Freigebigkeit des Deutschamerikaners zuletzt etwas erlahmt wäre: mich sollt' es nicht wundern.

Dem Vortrag folgte ein europäischer Film *Die Welt in Gefahr*, und der Film war bestimmt, den Eindruck des Vortrags zu unterstreichen. Oh, was hatte man da nach Amerika gebracht! Nach Amerika, dem Ursprungsland des Films, nach New York, das täglich die technisch vollendetsten Erzeugnisse der Lichtkunst sieht!

Was hatte man gebracht: klägliche, eintönige Bilder, belebt durch eine unsagbar einfältige Handlung; ein Fräulein, von allen Grazien verlassen, stellte in Strickjacke und weißwollenen Gamaschen die Heldin dar und war umgeben von fetten Männern in alpinem Loden. Damit warb Österreich um die Gunst des eleganten New York. Es gab zuerst Lachen, dann Ärger über das hölzerne, abgeschmackte Spiel. Man fragte sich: warum Wien solchen Unrat mit großen Kosten herstelle, das Geld nicht lieber gleich dem darbenden Mittelstand schenke.

Man unterschätzt bei uns immerfort den Kulturstand des Amerikaners und… seine Gutmütigkeit. Ein Herr hier erzählte mir: er habe den deutschen Malern und Bildhauern gern helfen wollen, indem er etliche Werke herkommen ließ, um sie im Bekanntenkreis abzusetzen. Man schickte ihm aus München Werke, Gemälde tüchtiger, junger Künstler.

Die Künstler aber meinten, die Gelegenheit für den großen Schlag ihres Lebens sei gekommen, und forderten tausend, zweitausend Dollar — für Bilder, wie man sie hier täglich für 25 Dollar im Laden kaufen kann. (Dies nämlich ist ungefähr der Marktpreis einer Landschaft von der Fläche eines großen Zeitungsblattes — wenn rechts unten nicht ein berühmter Name steht.)

Dabei passen sich die hiesigen Maler, und es gibt ihrer zuviel, dem Geschmack des Amerikaners an. Sie formen sein Schönheitsideal: das Sweet Girl. Skizzenhaftes, schmissig Hingeworfenes, nicht ins einzelnste Ausgeführtes hat keine Aussicht, Abnehmer zu finden. Am wenigsten die Darstellung von Leiden: Christus am Kreuz, Sebastian. Kein Amerikaner wird eine Käthe Kollwitz in seinen Parlor hängen; weit eher einen Leopold Schmutzler.

Dies Volk bejaht das Leben, ist naiv-fröhlich, rücksichtslos hart, keusch und gemütvoll zugleich. Seht euch die Theater New Yorks an! Shakespeare ist nur in gemilderter Krassheit möglich, in engster Auswahl Ben Hechts *The Egotist*, eine Komödie mit leispikantem Dialog, zieht nicht recht, wiewohl der Ungar Leo Ditrichstein die Handlung trägt, der Albert Bassermann, Josef Jarno, Gustav Waldau, Leopold Kramer New Yorks: weil der Zuschauer selbst dies bisschen Erotik innerlich ablehnt.

An der 44. Straße gibt man das Insektendrama der Brüder Karel und Josef Čapek in der Ausstattung des Prager Tschechischen Nationaltheaters. Der dritte Akt, *Krieg der Ameisen*, eine bittere Satire, war eine Tat, wurde von der amerikanischen Presse als solche auch gepriesen. Stück und Aufführung sind denkbar beste Propaganda für die Tschechoslowakei.

In der Halle des Theaters eine Ausstellung slowakischer Stickereien. (Die Halle ist über und über schwarzgelb ausgeschlagen... Offenbar eine Huldigung für Tschechien. Um des Himmels willen, wenn Dr. Karel Kramarz erfährt, dass man Tschechien zu Ehren die verhassten Flaggen Altösterreichs gehisst hat!)

Unterdessen kämpft die deutsche Oper um ihr Leben. Es sind zahlreiche deutsche Künstler hier. Frau Frieda Strindberg wirkt unermüdlich für Michail Artzibascheff, der lungenkrank in Moskau darbt. Am ersten Sonntag im Februar hielt ich selbst einen Vortrag in der Town Hall vor 1600 Zuhörern und spreche diese Woche in Baltimore, Reading, Philadelphia und Washington — bald auch in Chicago.

Nicht alle können sich hier durchsetzen. Empfehlungen vermögen viel, viel mehr als man glaubt, Reklame, die Reichtümer verschlingt, vermag fast alles. Doch Energie, Können und Geduld tun not.

NEW YORKER
VERGNÜGUNGEN

Die Revue als Form theatralischer Darbietung ist, glaube ich, um 1890 von Paris ausgegangen: man zwang acht, zehn glänzend ausgestattete Szenen in eine lose Rahmenhandlung — und die Szenen sollten vielbesprochene Ereignisse des Tages persiflieren.

In New York verzichtet die Revue auf jeglichen Rahmen. Sie reiht ohne Pause, ohne Übergang Bild an Bild — und eines übertrifft an Pracht das andre. Das Orchester hebt mit einer Ouvertüre an und schweigt kaum mehr einen Augenblick, bis nach Mitternacht der letzte Gast das Haus verlassen hat: indem es ihm noch die Schlagermelodien des Abends in die Theatergarderobe nachsendet.

Ich werde versuchen, Ihnen eine Vorstellung von der Revue in New York zu geben. Die zwei größten Schaustücke dieser Art spielen sich in der Music Box ab und in Ziegfelds New Amsterdam Theatre, an der 45. und der 42. Straße West, nächst dem Broadway.

In der Music Box heißt der Hauskomponist Irving Berlin; steht unter seinesgleichen obenan. Die Zahl seiner Mitarbeiter ist Legion: Dichter, Musiker, Ballettmeister. Denn die Revue ist eine Klitterung.

Erster Auftritt: ein Boudoir; die Dame kleidet sich zum Besuch des Theaters an; der Gemahl mahnt zur Eile; lustige eheliche Auseinandersetzung; Madame siegt.

Zweiter Auftritt: Rückseite der Bühne; Tänzerinnen, die dem imaginären Zuschauerraum im Hintergrund zugewendet sind; man sieht dort die Rampenlichter, den Kapellmeister, die Logen; der Vorhang drüben fällt; die Tänzerinnen nun unter sich; sie überhäufen einander mit Vorwürfen, spötteln über das Publikum.

Dritter… Doch nein, ich kann nicht alle 25 Teilhandlungen anführen. Da ist eine Auktion lebender Bilder. — Oder: eine Dame singt; Biedermeierkrinoline von Brokat; eine Maschine hebt die Dame — höher, immer höher — der Reifrock wächst aus der Versenkung — bis er zu einem Vulkankegel wird von Brokat. — Oder: Sechs Türken mit riesigen Turbanen, sechs Türken ohne Gesichter, mit kurzen Beinchen tanzen; plötzlich sind die Turbane wie Knospen gesprengt — da stehen sechs schöne Tänzerinnen; die Turbane waren ihre Röcke, ob den Köpfen gefaltet. — Ein großer Käfig mit einem Vogel darin; der Vogel flötet; und entpuppt sich als Kunstpfeiferin. — Ein Park, eingesäumt von Zypressen; die Zypressen machen kehrt: nun sieht man schillernde Schmetterlinge; sie verwandeln sich in Tänzerinnen. — Die Bühne hängt voll von Millionen bunter Bänder; aus dem Urwald von Bändern tauchen immer neue Quadrillen. Die Mädchen tragen große Kapotthüte; die Hüte wieder Lämpchen: all die hübschen Gesichter sind beleuchtet. — Vorhang von Kristall, der in allen Strahlen des Spektrums blitzt; er senkt sich; man schaut... wie könnt' ich es nur beschreiben?

Man schaut in ein Meer von Prismen, von Glas, von Silber; Frauen in gläsernen Gewändern sitzen in Lauben — nein, in Pokalen; die Frauen erheben sich und ziehen Pfauenschweife, unendliche Schleppen von Licht und Farben hinter sich her. Die letzte schreitet singend eine Treppe empor, wohl zwei Stockwerke: und ihre Schleppe endet nicht, verbreitert sich vielmehr, bis sie die ganze Bühne deckt. — Der Schluss des ersten Teils vereinigt alle Darsteller als brennrote Teufel und Teufelinnen im Vorraum der Hölle; immer wildere Wirbel, ein Bacchanal, ein Tornado von Menschen und Rhythmen — endlich beginnen sich noch die Säulen zu drehen, die Wände laufen, rasen — und über den Hexensabbat fällt der Vorhang.

All das wäre des Ohrenschmauses, der Augenweide gerade genug und zu viel. Nun muss man aber wissen, dass jedes Bild durch Beleuchtungskünste unaufhörlich verändert, jeder Effekt im Augenblick darauf übertrumpft, die Sentimentalität allsogleich von Komik unterbrochen, auf der Stelle parodiert wird.

Bobby Clark ist die Seele dieser Komik. Allein mit seiner ewig qualmenden Zigarre führt er unnachahmliche Grotesken auf; sie wird zum Ausdruck des Schreckens, des Übermutes, der Freude und Trauer. Einmal im Lauf des Abends wird Bobby Clark sogar Achse einer richtigen Handlung, eines Schauerdramas — man könnte es nennen: *Der Ehebruch*:

Da erwartet er eine Dame in Rot; sie kommt — von der falschen Seite — und ist grün. Er erklärt ihr seine Liebe und will ihr »diese

Rose« überreichen — er hat keine; man wirft ihm aus der Kulisse eine Lilie zu. Ein Nebenbuhler erscheint — die Tür klemmt ihm den Rock ein. Clark sperrt grimmig die Türen: nun könne keine Seele das Zimmer verlassen, noch betreten; die Tür knarrt auf, miauend schleicht ein Kätzchen ein. Die Männer greifen zu den Pistolen — die Pistolen versagen; in seiner Verlegenheit zückt Bobby Clark das Messer: da fällt hinter der Bühne der Schuss. Und die Uhr geht anders, als die Worte des Dramas es verlangen — und der Ofen flammt zur Unzeit — und es fehlt an Wasser im Krug — ein Brief soll verlesen werden, der Umschlag ist leer — Clark soll hinter die Gardine, es ist keine vorhanden — dem Nebenbuhler fällt der Bart ab, das Gebiss aus dem Mund — nach all den Regiefehlern aber bleibt der Vorhang stecken.

Den Beschluss der ganzen schnurrigen, scheckigen Ergötzlichkeit, des Revuegepränges bildet ein Akt, der am Bühnenausgang des Theaters spielt. Da treten alle Mimen und Sängerinnen aus dem Hintertürchen — in Straßenkleidern aus dem Hintertürchen — reden einander mit ihren bürgerlichen Namen an. Und in den Fenstern erscheinen die Schattenbilder von Mädchen, die sich abschminken; endlich ihre Köpfe selbst. Dann schreiten in langsamer Reihe die Maschinisten auf, die Arbeiter, Garderobefrauen.

Man glaubt, solch eine Aufführung könnte an Glanz, an Tempo und Humor nimmer übertroffen werden — und sie wird übertroffen: in den Ziegfeld Follies des New Amsterdam Theaters. Auch hier Samt und Seide, Pelzwerk und Silber, Flimmer und Flut. Hier aber ist auch malerischer Geschmack, Wunder an Farbensymphonien. 64 Mädchen, jede eine junge Schönheit, Meisterin im Tanz. Ihre deutschen Kolleginnen würden bleich und mutlos werden, wenn sie einen Abend mitansähen in den Follies. Allerdings kein moderner Ausdruckstanz — sondern äußerste artistische Durchbildung. — Und wie der Theaterleiter Körperschönheit und Geschicklichkeit zu verwenden weiß! Da schließt sich einmal die Portiere: von den Kulissen her durch Frauen zugezogen, die halb in Schlitzen der Portiere stecken; man sieht die Frauen, als wären sie durch einen Schwertstreich gespalten. — Auch die Komiker Artisten: Will Rogers handhabt, während er Bosheiten über den Präsidenten sagt, ganz nebenbei einen Lasso — geschickter als ein Cowboy. — Die Girardis von New

York, Ed Gallagher und Al Shean unübertrefflich. Wollt' ich aber den Aufwand schildern: ich wüsste kein Ende.

Das Schlusstableau der Ziegfeld-Revue ist verblüffend schön: an der Rampe hat sich eine Versenkung geöffnet, und vom Prospekt her wie von einem Berg marschieren in Sturmwellen, wohl zwanzig breiten Wellen, sämtliche Darsteller tanzend vorwärts in die Tiefe.

Sie werden sonderbar finden, dass ich von Revuen zu erzählen begann, ohne die künstlerischen, die ernsten Schauhäuser auch nur erwähnt zu haben. Glauben Sie mir: auf diesem Feld bietet Amerika nichts, was besondern Gedenkens wert wäre. Rudolph Schildkraut spielt hier: wir sahen ihn besser in Berlin. In der Wahl der Stücke, an Regie, in Einzelleistungen kann sich das New Yorker, folglich auch: amerikanische Theater mit dem deutschen nicht messen, — In der Metropolitan Opera singen Maria Jeritza, Maria Ivogün, Michael Bohnen und andre: wir kennen und schätzen sie. Die Sterne des Konzertsaals: sind in Europa aufgegangen, Willem Mengelberg, Willem van Hochstraaten dirigieren das Philharmonische Orchester: Holländer. Die Musiker: meist Deutsche, dann Italiener. Wie aber drückt sich New York aus?

Ich war in der Premiere eines jiddischen Volksstückes, tief in Downtown: *Reiche Arme* von Chone Gottesfeld. Sagte ich »Volksstück«? Nein, es ist ein überaus feines Lustspiel. Inhalt: Einwanderer aus Galizien treffen in Amerika ein — bei einem vermeintlich wohlhabenden Verwandten — und gedenken, hier ein Wohlleben zu führen. Der Gläubiger des Wirtes zerstört die Träume und zwingt die »Grünen«, die Einwanderer zur Arbeit. Dieser Gläubiger, Wucherer ist eine besonders gelungene Charakterfigur: wie er väterlich besorgt ist um die Gesundheit seiner Schuldner, um ihr Gedeihen. — Schließlich kommen neue Grüne: mit den gleichen Träumen, aus denen die andern eben erst sind gerüttelt worden.

Die Zuschauer, kümmerliche Gestalten, hatten all die Enttäuschungen des Lebens in der neuen Welt am eigenen Leib erfahren, sahen ihr Schicksal im Spiegel und kargten nicht mit Applaus. Es war Spannung, schluchzendes Mitgefühl im Raum und lachende Erlösung. Welch ein Raum! Eine Galerie von verzinktem Eisen, schwarz von Menschen — und gestützt von zwei fingerdicken Streben. Ich wollte nicht glauben, dass dies hingeklebte Galeriechen den Beifallssturm überdauern würde. Dann führte man mich in den Madison Garden auf den Maskenball des *Vorwärts* — des größten jiddischen Tagblatts. Der Madison Square Garden bietet 16 000 Leuten Platz in einem Saal. Doch da waren ihrer 20 000 — und ein Kordon von Policemen hielt die übrigen Zuzügler auf: Sozialisten, Mitglieder und Anhänger der »Aid Liga for Naturalisation«.

Im Vorraum traf ich auf die jiddische Duse: Jenny Vallière, eine Christin, die ehemals im Düsseldorfer Schauspielhaus aufgetreten war, das Jiddische erst erlernen musste. Sie kannte mich von Deutschland her und forderte mich zum Anschluss auf: das Komitee erwarte uns. Der Polizeileutnant hörte es. Und mit sechs seiner irischen Riesen stürzte er sich in die unselig verkeilte Menschenmasse der Zwanzigtausend und bahnte im Nu eine Allee längs durch den Saal, die wir bequem durchschreiten konnten. Wie er das zuwege brachte, ohne Brutalität, ja bei aller Eile und Energie mit Höflichkeit: es hat mir höchste Achtung vor den amerikanischen Policemen abgenötigt — mir, der ich in Ungarn Husaren zu Pferde vergeblich gegen demonstrierende Ansammlungen rennen sah. Frau Vallière sollte die beste Maske prämiieren. Sie zogen zu Hunderten vorbei — ein Golem darunter, ein Gigant von Lehm, dem ein Maler wohl den Preis verliehen hätte. Das Komitee krönte aber mit dem ersten, zweiten, dritten, vierten Kranz Masken, die auf verschiedene Art den Militarismus Frankreichs verdammten, lächerlich machten. Sicherlich sehr bezeichnend für die Stimmung der Massen.

Ich war in Varietes: da gab es ausschließlich und allein Lustiges — Tanz und Akrobatik; sogar die Texte, die man in der Pause projizierte, waren gesättigt mit Humor. (»Amerika hat soundsoviel Menschen, die nicht englisch sprechen — einschließlich der Bahnschaffner, die die Stationsnamen ausrufen.«) Einmal traten Tänzerinnen auf — im wesentlichen mit Schlittenschellchen bekleidet. Die Schellen musikalisch abgestimmt. In dem sich die Tänzerinnen abwechselnd bewegten, gaben sie auch die Melodie an zu ihrem Tanz.

Ich war in der Negeroperette *Liza*: die Tänzer Bestien voll verhaltener Kraft — gleich arabischen Pferden, die Hohe Schule gehen in zwecklos-schöner Bewegung. Das Tempo hinreißend. Hier konnte ich eine Eigentümlichkeit der amerikanischen Bühne am reinsten wahrnehmen: sooft das Publikum eine Wiederholung verlangte, ward sie gegeben; achtmal, zehnmal; und immer anders, jedesmal besser, mit neuen Tricks. — Der Komiker der Negertruppe, ein Gorilla an Hässlichkeit, hatte sich noch schwärzer geschminkt.

Ich war im Chinesenviertel. Dunkle Straßen, die Legende vollführter Verbrechen darin. Rote, gelbe, weiße Plakate, Laternen, verdächtige Gestalten. Hier schliefen obdachlose Männer die kalte Nacht im Rinnstein, auf Zeitungspapier gebettet. — Wir betraten eine Diele. Bei Tisch sonderbare Gerichte: Moo Goo Guy Pan hieß eines: entknöcherte Hühner mit Pilzen, Bambusstengeln und Wasserkastanien. — Amerikanische Musik: Klavier, Geige, Trommel, Saxophon.

Die Musik hebt laut an, setzt die Paare in Bewegung — die Schultern der Tänzer in konvulsivisches Schütteln — und erstirbt auch schon zum Pianissimo — um die (nun gleichsam selbsttätigen) Tänzer alsbald wieder zu neuem Eifer anzustacheln. So ist jetzt die Mode in Amerika: die ersterbend leise Musik und das Schulterschütteln. Es tanzten: üble Männer, böse Mädchen — eines davon tätowiert, sogar auf den Backen. Ein junger Mensch trat ein, holte sich die Tätowierte an einen Tisch. Der chinesische Kellner zwinkerte dem chinesischen Geschäftsführer zu. Bald kam ein Herr — man sah, dass er sich als Detektiv legitimierte und mit dem jungen Mann abzog.

Im Vorüber gehen aber lächelte mich der Detektiv ein wenig an und raunte mir zu: »Lahku notsch«; Südslawisch: »Gute Nacht!«

Ich hatte seit Monaten kein Wort Südslawisch gesprochen.

DIE FILMKUNST

Der Broadway, wo die 42., 43.,... 46. Straße ihn schneiden, ist vom frühen Nachmittag tief in die Nacht eine Milchstraße von Licht, »The Great White Way«. Da reiht sich Theater an Tanzdiele, Vaudeville an Variete. Vorige Woche hat die Prohibitionspolizei zwanzig Kabarette auf einmal geschlossen, weil sie »berauschende Getränke« verzapften: man merkt den Ausfall nicht.

Hier stehen auch die Kinopaläste New Yorks, der Stadt von Stahl und Beton, Glas und Marmor; Paläste für drei-, vier-, fünftausend Zuschauer. In Europa geht man »mal ins Kino«; hier täglich. Hört brillante Orchester, gute Sängerinnen, staunt Akrobaten an und Filme.

Was für Filme! Sie kommen fast alle aus Los Angeles in Kalifornien, wo sich Meer und Fels, Urwald und Hochgebirge, Wüste und Garten fast vor den Stadttoren breiten; eine subtropische Sonne strahlt darüber; darum haben ungefähr alle amerikanischen Filmkompagnien ihre Ateliers in Los Angeles. Dort bauen sie alles: die Kathedrale von Nôtre Dame wie den Wiener Prater.

Kein Scherz: eine von den großen amerikanischen Filmfabriken, die Universal, lässt ein Stück in Wien spielen; man sieht das Michaelertor der Burg, sieht die Prachtentfaltung des Habsburgerhofes. Alles echt: die Kutschen, mit Lippizaner Schimmeln bespannt, sind aus Österreich gebracht worden, Uniformen der Wiener Trabanten, Dragoner, Schutzleute... Franz Joseph ist auf das I-Tüpfelchen ähnlich — der Darsteller trägt sogar die Ehrenzeichen (nicht aber die Orden), genau wie der alte Kaiser tat, mit der Reversseite nach außen.

Die völlig naturgetreue Ausstattung, die Echtheit des Materials ist einer der Vorzüge des amerikanischen Films. Das Parkett des Salons ist von Eichenholz und nicht Linoleum. Die Damentoiletten Samt und Seide. Die Treppen sind Stein.

Der andre Vorzug ist der Sonnenstrahl. Die Handlung des Stückes spielt meist im Freien — und wenn sie sich weilenweis in das Innere des Hauses zieht — auch das kalifornische Atelier muss so durchflutet sein von Tageslicht, dass man die ultravioletten Scheinwerfer nicht braucht. Oder: nicht als vorhanden merken lässt. Der Zuschauer hat nie den Eindruck, auf der Leinwand geschminkte Schemen agieren zu sehen. Weil die amerikanische Filmdiva nämlich gut, diskret geschminkt ist.

Eine Abendassemblee in der Projektion zu schauen, ist vergnüglich, Damen und Herren des amerikanischen Films wissen sich zu benehmen. Die Frauen sind ganz Ladies. Die Herren ausgesucht schöne, schlanke Männer; offenbar auch gut erzogen; sie üben zum Beispiel nicht die Unart unsrer Filmleute: sich im Gespräch immerzu an Wangen und Stirn zu greifen, das Haar zu ordnen… sie wissen, selbst der letzte Statist weiß, dass der Gentleman, wenn er die Morgentoilette erst beendet hat, seinen Kopf nicht mehr mit den Fingern berührt.

Im Punkt der Umgangsformen wirkt das Kino bestimmt erzieherisch, geschmackbildend auf die Massen; es bringt das zuschauende Volk irgendwie in mittelbare Berührung mit der guten Gesellschaft.

Wie weit der ethisch veredelnde Einfluss des amerikanischen Kinos reicht, möchte ich nicht untersuchen. Die Filmhandlung entfernt sich bewusst vom wirklichen Geschehen; sie ist sentimental, optimistisch. Der Amerikaner liebt nicht, Leiden zu sehen, denen nicht auf dem Fuß unendliche Belohnung und Freude folgt; die düstern Kapitel des Erdendaseins werden im Kino überschlagen oder kaum angedeutet; Bösewichter (deren Analysierung man nicht erst versucht) gehen zugrunde; die Tugend siegt auf allen Linien; mit einem Wort: Kitsch. Genau wie in Europa. Immerhin schlägt das Kino Gemütstöne an, die im anstrengenden, strengen amerikanischen Alltag nicht zum Klingen kommen: und das mag irgendwie beflügelnd auf die guten Instinkte wirken.

Die Handlung muss den Besucher rühren, spannen und erheitern. Das American Girl, sehr verschieden von unserm süßen Mädel, sorgt mit ihren Schicksalen und Nöten für Rührung. Rührung und Erheiterung kommen vom Filmkind. Eines davon, Baby Peggy, wohl vier Jahre alt, ist eine vollendete kleine Künstlerin, eine

Charakterfigur ersten Ranges. Ein Lausbub von sechs oder sieben Jahren (ich habe seinen Namen nicht behalten) hat mir Lachtränen erpresst. Der Yankee will im Kino abwechselnd bewegt werden und lachen, zum Bersten lachen, — Das Kind und das Tier sind Lieblinge des amerikanischen Publikums. Denn das Publikum hier ist nicht weniger herzlich und naiv als jenes des Morgenlandes: ich habe vor ein paar Jahren im Kino zu Konstantinopel die Rettung eines Kindes aus Wasserfluten mit so rasendem Beifall quittieren hören, dass der Saal darüber bebte.

Man denke aber nicht, der Stoff des hiesigen Kinostückes webe sich allein aus Zartgefühl und Komik. Bunter ist der Einschlag von Sport und Abenteuer. Auch hier ein Unterschied zwischen unserm und dem hiesigen Kinoschauspieler: der Amerikaner kann seine Sache von Grund auf. Reginald Denny ist nicht nur ein Apollo an Gestalt und Zügen, ein guter Mime — er ist auch Meister im Boxen.

Und wie Hoot Gibson das Pferd regiert! Ich verstehe was davon, ich habe das Kampagnereiten im österreichisch-ungarischen Heer viele Jahre systematisch betrieben, ich bin Schüler des k. u. k. Reitinstituts, das berühmte Preisträger heranzog; man wird mir glauben dürfen, wenn ich aussage, dass Hoot Gibson kühnere Halbpirouetten schlägt (in full pace) als irgendein andrer Reiter auf Erden, dass er ohne Sattel einen Bocker besser aussitzt und in flotterm Galopp steile Hänge hinabstürmt als die besten europäischen Parforcejäger.

Wenn Hoot Gibson in die Kirche einbricht und die Braut wegholt, die beiden Trauzeugen mit dem Lasso einfängt und hinter sich herschleift — all das mag roh aussehen, geschmackwidrig gestellt, unmöglich: sportliche Leistungen sind es dennoch, die kein Europäer fertigbringt. — Es wird viel geschossen, geschlagen, gerettet und geritten im amerikanischen Film.

Man hat dem letzten deutschen Kaiser verdacht, dass er so oft vor dem Objektiv des Photographen erschien. Hier sieht man jeden im Film, immerzu: den Präsidenten mit seiner Frau, wenn er nach dem Süden reist; den eben ernannten amerikanischen Gesandten in Madrid; Senator William Borah, als er die Rede hielt in der City Hall; und wie der steinalte John D. Rockefeller Abschied von seinem Sohn nimmt; der Milliardär hat doch wohl Reklame nicht nötig;

und verschmäht sie nicht. Der Film ist hierzulande eben eine viel wichtigere Komponente des Lebens als bei uns. In jedem künftigen Wahlrummel werden Kino und Radio (das drahtlose Telephon) leidenschaftliche Agitation für und wider treiben. Das Kino ist ein politischer Faktor in der Union.

Für dich aber, armes Europa, für deine Kämpfe und Qualen hat niemand ein Ohr.

333 CORNWALL AVENUE

Auf alten Stadtplänen von New York wird man das Haus, die Avenue vergebens suchen. Die Gegend war vor kurzem noch so gut wie unbewohnt; es hockte bloß ein altes, zweistöckiges Gebäude da, ehemals Knochenmühle, doch längst nicht mehr in Betrieb, Obdach von Kanalräumern.

Knapp vor dem Krieg kam plötzlich Leben in die Wüstenei: einige Yards von der Knochenmühle erstand auf grünholpriger Fläche zuerst das Brake Building, ein solider Würfel von Stahl und Beton — dann rasch ein drittes, viertes Bauwerk, Zinskasernen — Fabriken, in den Räumen dazwischen Fußballplätze — Straßen wurden gezogen, Leitungen gelegt, sogar Schienen der Trambahn — und innerhalb eines Jahres war es ein Vorort mit schnurgeraden Gevierten. Die Blocks etwas lückenhaft; die Lücken füllten sich allmählich.

Die paar Yards zwischen Knochenmühle und Brake Building harrten immer noch der Besiedelung. Eines Tages klebte man einen lockern Käfig hin mit zehn oder zwölf Etagen: Verwaltungshaus für die umliegenden Spielplätze; nur so für zwei, drei Jahre, damit die Grundsteuer aufgebracht sei; und nur für die Not, weil der Unternehmer Bureaus brauchte. Dies Zelt von Backsteinen erhielt die Nummer 333.

Um diese Zeit richtete sich im Erdgeschoss der Knochenmühle der Barbier Tomaseo ein; Italiener. Fromm und bieder. Dreimal im Jahr, vor den hohen Festen, ging er zur Beichte. Täglich um sechs stand er auf und ging in die Messe. Dann erst fegte er den Laden und rasierte die ersten Kunden; putzte auch Stiefel; und reparierte Regenschirme, man konnte darauf warten. Ein sehr rühriger Mensch mit offenen Augen und großen Rosinen im Kopf. Er dachte immer, in seine Heimat nach Treviso zurückzukehren, wenn er erst einiges Geld hier würde gemacht haben, und in Treviso eine Obsthändlerin zu heiraten.

Seine Hauptkunden im Barbierladen waren die jungen Schreiber des Fußballbureaus; die Herren vom Brake Building hingegen ließen sich nur mal die Stiefel putzen — von Tomaseos Rasiersessel hielten sie sich mit deutlichem Widerwillen fern. Die Fußballspieler stoben johlend vorüber, sahen den Barbierladen gar nicht.

Da erschien eine Aktiengesellschaft, kaufte die Spielplätze, wie sie lagen, und fing an, sie in stürmischem Tempo zu bebauen. Der Boden wankte, der Käfig zitterte nervös bei jedem Hammerschlag. Tomaseo unten in der schmutzigen Knochenmühle hatte goldne Tage: er schor die Fuhrleute haufenweis. — Darüber entging ihm die betrübliche Tatsache, dass die großen Bureaus im Käfig 333 Cornwall Avenue Montags darauf geschlossen waren; das Personal, Tomaseos Stammkundschaft, entlassen.

In den lockern Käfig zogen Leute ein: Zimmermaler aus dem Tessin — slowakische Maurer — ein Zeitungsausträger — ein Klaviervirtuose — ein entlassener Schutzmann.

Nur der Schutzmann ließ sich rasieren, eh er morgens seinen Weg antrat mit zwei gewichtigen Handtaschen. Die Taschen rochen nach Schnaps. Abends waren sie leer.

Tomaseo wohnte nun, wenn auch tief unten, in einem schönen Stadtviertel und... war am Verhungern. Alles neu ringsum, wahre Paläste. Mit Ausnahme der Knochenmühle — der schwärenden Beule inmitten moderner Pracht. Und der Käfig 333 Cornwall Avenue lehnte scheu und schief am Brake Building, blinzelte mit einem Mansardenfenster unvertraut empor: wie lang der elegante Nachbar ihn neben sich noch dulden werde?

Eines Montagmorgens steht Tomaseo müßig vor seiner Tür, denn er hat nichts, durchaus nichts zu tun; hört plötzlich ein Knacken hoch im Käfig, dumpfes Geschrei. Im nächsten Augenblick werden Fenster des sechsten Stockwerks aufgerissen, und ein Rauchwölkchen steigt daraus. Es brennt. Zwei, drei, fünf Leute flüchten.

Eine Minute darauf rast bimmelnd das Feuerauto an. Leute sammeln sich. Auch das ist alsbald vorbei: es war nichts; der Brand schon erstickt, ehe die Löschmänner kamen. Sie fahren wieder davon.

Doch die Baupolizei war durch das Zimmerfeuer aufmerksam auf den Käfig geworden, besichtigte ihn, sprach ihren Bann darüber: Mittwoch musste plötzlich alles 'raus; sofort 'raus; die Bewohner der siebenten bis zehnten Etage über eine Leiter — weil die sechste Treppe verkohlt war. Trauriger Umzug, den ganzen Nachmittag. Abgehärmte Männer schleppten auf Karren brüchigen Hausrat weg; die Mütter folgten mit den Kindern an den Röcken, auf den Armen. Der Käfig 333 Cornwall Avenue wurde versperrt, vernagelt und versiegelt. Baufällig.

Als der Schutzmann am Abend mit seinen leeren Taschen heimkam, stand er dumm vor der geschlossenen Haustür. Bis Tomaseo ihm wichtig mit seiner Wissenschaft erzählte, was da geschehen war, und ihn über Nacht zu sich nahm.

Der Virtuose kehrte von der Arbeit im Konzertcafe zurück; war überrascht, bestürzt — pochte bei Tomaseo, wo er Licht sah, und jammerte: er habe doch oben im Käfig noch sein Piano stehen. — Zu den drei Männern im Barbierladen gesellte sich ein spätes Mädchen — die aus der Mansarde des Käfigs; sie brachte einen Freund mit, einen Albaner.

Alle schimpften, alle wollten in das verbotene Haus, hatten dies und jenes von dort zu holen. Am heftigsten wollte der Schutzmann dahin: sein ganzer Whisky Vorrat war in der Diele vergraben. Der Schutzmann sprach aber kein Wort; verschwand und kam mit einer Spitzhacke wieder; begann vom Barber Shop aus ein Loch in die Mauer zu schlagen. Die andern trugen lachend Trümmer und Mörtel ab. In einer Stunde war es geschehen: alle drangen gebückt in das finstere Loch, in den Käfig.

Der Virtuose blieb die Nacht gleich in seiner Wohnung im gebrechlichen Käfig; legte sich, wie gewöhnlich, auf sein Piano schlafen; am Morgen kletterte er durch das Mauerloch in den Barbierladen, eilte seinem Konzertcafe zu und kam wieder erst in der Nacht zum Freitag.

Der Schutzmann überzeugte sich, dass sein Schnaps in Ordnung war, fand das Versteck in der behördlich vernagelten Ruine sicherer denn je und nickte zufrieden.

Das Mädchen fürchtete sich, über die Leiter des schwankenden, ausgebrannten Käfigs bis in das achte Stockwerk zu steigen. Ihr Freund meinte:

»Schön, richten wir uns tiefer unten ein.«

»Wir haben kein Bett.«

Er schritt davon — durch das Loch in der Mauer, durch Tomaseos Laden — tauchte bald wieder auf und trug nun ein Kissen, zwei Dekken. Zwei fremde Mädchen mit Kissen und Decken folgten ihm. — Alle fünf bezogen das Erdgeschoss im Käfig.

Abends darauf vermehrte sich die Gesellschaft im Erdgeschoss um eine Gruppe von jungen Männern, Kokainschnupfern; während der Albaner in das obere Stockwerk übersiedelte; er teilte es mit einem Chinesen.

Der Schutzmann ging nimmer aus; setzte seine Getränke im Haus ab; wisperte mit Tomaseo — und sie verlangten plötzlich von den Kokainschnupfern je fünfzig Cents »Miete«. Die jungen Herren zahlten stumm. Die Mädchen schielten verständnisvoll nach dem hübschen Tomaseo.

Der versiegelte Käfig füllte sich immer mehr. Samstag zog ein chinesischer »Klub« ein: Zwerge mit ihren Liebhabern, pomadisierten, geschminkten ältern Herren: Eintrittspreis: ein Dollar; Tomaseo teilte ehrlich mit dem Schutzmann; der Schutzmann besorgte Essen; Tomaseo bediente bei Tisch; dem Tisch aus der Barbierstube.

Über dem rußgeschwärzten sechsten Stock arbeitete seit heute früh die »World Film Company«, bestehend aus einem Herrn, einem Fräulein, einem Sofa, einer Schreibmaschine. Die Company hatte im nächsten Postamt ein Fach für die einlaufende Korrespondenz und — dem Briefkopf nach — Filialen in Mexico, Rio de Janeiro, Jokohama, London und Paris. Die Company war auf Milch abonniert; der Grieche stahl die Milch.

Der Grieche, ein Stockwerk höher, eröffnete eine Waschanstalt, indem er gebrauchte Wäsche aus den Häusern sammeln ging und sogleich verkaufte. Er war der einzige im Käfig, der über eine Bettstatt verfügte; ein seufzendes eisernes Gestell; wenn sich der Schläfer darin umwandte, hörte man es durch alle Etagen, das Bett hüpfte einen Schritt. Der Grieche schaltete sich abends an die Elektrizität an und wollte kochen und leuchten. Man hätte es von der Straße gesehen. Tomaseo machte kurzen Prozess und zerschnitt sofort das Kabel.

Neben dem Griechen wohnte seit drei Uhr ein Expfarrer, Gesundheitsapostel. Die beiden vertrugen sich prächtig, tranken mit einander; als sie getrunken hatten, spielten sie Ecarte; der Gewinner ritzte sich den Point mit der Rasierklinge in den Handrücken; es war der Pfarrer, er war am Morgen darauf ganz blutig. Der Pfarrer war Tomaseos nobelster Mieter; er zahlte zwei Dollar.

Der Schutzmann wurde neidisch und hackte noch Sonntags vom Speicher der Knochenmühle aus einen Konkurrenzeingang nach dem dritten Stock des Käfigs; vermietete in der Nacht darauf das neunte Stockwerk an ein Mädchen, »Aktienhändlerin«.

Tomaseo merkte die Bändelei. Es kam zum Streit zwischen Tomaseo und dem Schutzmann. Zum Messerkampf. Die Aktienhändlerin warf sich dazwischen.

Als sie mit dem Schutzmann schlafen ging, wütete Tomaseo und schwor blutige Rache. In der Nacht zum Montag stürzte ein lebloser Körper aus dem Fenster des neunten Stockwerks auf das Dach der Knochenmühle, schlug durch und verschwand im Speicher. Tomaseo räumte das Whiskylager in der Diele aus.

Morgens rückten auf der Straße Fuhrleute an, Arbeiter. Man stellte ein Gerüst auf, um den Käfig abzubrechen.

Wie ein gestörter Ameisenhaufen kribbelte und flog es in alle Winde: die Waschanstalt, der Klaviervirtuose, die Dirnen mit dem Albaner, die Zwergentruppe, die Kokainschnupfer, der Pfarrer, die World Film Company.

Tomaseo schwand mit der Aktienmamsell ab und wurde ihr Zuhälter. Einen Monat später erhob sich an Stelle des Käfigs und der Knochenmühle, 333-335-337 Cornwall Avenue, ein kolossales Warenhaus der Heilsarmee mit Lichtreklame: Jesus, meine Zuversicht.

AMERIKANISCHE ANSCHAUUNGEN

Ich fahre mit einem reichen Yankee in dessen Auto — staune und sage endlich:

»Ihr Chauffeur scheint wenig ausgebildet zu sein; er misshandelt den Motor.«

Darauf mein Gastfreund:

»Der Mann — wenig ausgebildet? Er ist blutiger, verdammter Anfänger. Er misshandelt den Motor? Er quält ihn zu Tod.«

»Warum mieten Sie dann nicht... ?«

»Einen bessern Chauffeur? Das will ich Ihnen erklären: Ein guter Mann verlangt vierzig Dollar die Woche — dieser nur 25. Ich erspare in dreißig Wochen 450 Dollar. Und dafür kann ich leicht einen neuen Wagen haben.«

Oder:

In einer Konservenfabrik treffen stündlich zahllose Kisten ein, werden rasch, gewalttätig aufgebrochen, dabei kaputtgemacht und entleert. Da tritt ein Mann ins Kontor und bietet dem Chef einen neuartigen, kleinen Apparat aus Deutschland an; damit kann man die Kiste öffnen, ohne sie zu zerstören; selbst die Nägel bleiben völlig brauchbar.

Der Chef fragt:

»Wie lang dauert das sachte Öffnen einer Kiste mit Ihrem Apparat?«

»Eine Minute.«

»Auf unsre Art nur eine halbe Minute. Ich müsste die Zahl meiner Arbeiter verdoppeln. Soviel sind Kisten und Nägel nicht wert. Ich danke.«

Das ist die Methode des westlichen »Broncobusters«, »Pferdebrechers«: er fängt mit dem Lasso das Fohlen auf der Heide, wirft es hin, zwingt ihm brutal Zaum und Sattel auf und reitet es von der Stelle halbtot: es ist in einer Stunde »gebändigt« und hat keinen heilen Knochen mehr. — Wir nehmen uns Zeit und Mühe —

ohne in Monaten wesentlich mehr als der Amerikaner in Minuten zu erreichen.

Oder:

Henry Ford, Inhaber der größten Autofabrik, erzeugt täglich 6000 bis 7000 Wagen und verdient an jedem davon zehn Dollar. Ford hat jeden Teil des Wagens typisiert, numeriert — 60 000 Niederlagen in den letzten Winkeln des Landes folgen dir auf die bloße Angabe der Nummer hin sofort jeden Bestandteil aus.

Ein deutscher Ingenieur schlägt Herrn Ford Verbesserung der Zündung vor. Der Fabrikant lehnt ab:

»Die Verbesserung würde die Herstellung des Wagens um fünfzig Cents verteuern und meinen Verdienst täglich um 300 Dollar verringern. Sinnen Sie vielmehr aus, wie ich meinen Wagen um fünfzig Cents verbilligen könnte — und Sie sind mein Mann.«

DER KAPITALISMUS

Ein Yankee hat in rastlosem Raffen Millionen Dollar ergattert; in den Freistunden eine Galerie gesammelt: hundert Cezannes, Renoirs. Spendet am Ende seiner Laufbahn die Bilder der Stadt und die Millionen dazu — damit das Museum erhalten bleibe.

Die Arbeiter haben ihre eigenen Banken; kaufen Shares für ihre Ersparnisse, Aktienmajoritäten, ganze Unternehmungen.

Eines Tages streiken sämtliche Eisengießer. (Oder waren es Setzer? Schneider? Ich weiß nicht.) Die Trade-Union (etwa: Gewerkschaft) borgt von der Großbank eine Million Dollar, um den Streik zu stützen. Die Bank gewährt das Darlehen ohne Sicherstellung.

Man vergleiche hierzu, was ich vorhin über Rockefeller und die Prohibition gesagt habe.

Dann komme einer und versuche, mir weiszumachen, er verstehe dieses Land.

DAS DEUTSCHTUM

Nach New York allein darf man Amerika nicht beurteilen — New York ist in manchem Belang nur ein maßlos übersteigertes Europa. Doch die Eindrücke im Land haben mir es bestätigt:

Das Deutschtum hier hat schwer, beinah hoffnungslos zu ringen. Ein äußerst geschickter, der Art des Amerikaners angepasster Werbefeldzug der verbündeten Mächte hat seinerzeit den Eintritt Amerikas in den Krieg vorbereitet. Die Deutschen wurden aus allen führenden Stellungen gedrängt, oder zu vorsichtigem Schweigen veranlasst. Die Kinder in den Schulen, leichter und intensiver als die Eltern beeinflusst, verleugneten ihre Muttersprache — selbst Kinder reindeutscher Eltern.

So sind Splitter, Blöcke — vor allem der Nachwuchs vom Deutschtum gerissen worden. Die Zuwanderung unterblieb — und das Ergebnis ist: dass es, grob ausgedrückt, ein sofort sichtbares Deutschtum von jenem bezeichnend kulturellen Einfluss wie vor dem Krieg gar nicht mehr gibt. (Eine große politische Gruppe haben die Deutschen nie gebildet, wohl auch zu sein wenig versucht.) Jetzt haben 600 000 Deutsche in New York, der elfte und nicht der schlechteste Teil von sechseinhalb Millionen Einwohnern, nur zwei Tageszeitungen, nur ein Operettentheater. Man mag noch so weit wandern, auf und ab: nirgends ein deutsches Firmenschild.

Gerade gesellschaftlich Höhere hatten die heftigsten Anschläge der Agitation zu erdulden. Die wichtigsten haben sich vom Deutschtum abgewandt: die Jugend. Die da Treue hielten, nahmen wieder die innerdeutschen Vorgänge seit 1918 nicht zur Kenntnis: sie blieben wilhelminisch.

Seit [dem Vertrag von] Versailles ist in Amerika vieles anders geworden. Der Hass, künstlich aufgepeitscht, schläft allmählich ein. Man darf wiederum deutsch reden — und außerhalb von Nebraska, Louisiana auch unterrichten. Man hört nie mehr auf der Straße, selten im öffentlichen Leben gehässige Äußerungen gegen Deutsche. In der Metropolitan Opera singt man Richard Wagner und Richard Strauß deutsch.

Gegner sind nur noch viele Frauen, ferner die Mitglieder des Ku Klux Klan (im Süden) und eine unbedeutende Liga der Kriegsteilnehmer.

Zu Philadelphia, Stadt der Lokomotiven und der Bruderliebe, am Eingang der Independent Hall hängt ein grellbuntes Bild: darauf hat ein deutsches Unterseeboot einen amerikanischen Dampfer torpediert und schießt nun auf die Frauen und Kinder; Unterschrift (in deutscher Sprache):

»Spurlos versenkt.«

Unentwegte muss es in solchen Zeiten geben: die Konföderiertenveteranen haben sich heute noch nicht an die Veteranen der Nordstaaten geschlossen, und es sind doch volle sechzig Jahre seit dem Bürgerkrieg vergangen.

Eins ist sicher: hätte der Krieg den Deutschen nicht Elsass-Lothringen gekostet, Eupen und Malmedy, Schleswig, Westpreußen, Posen, Oberschlesien und die Kolonien; wären all die enteigneten Gebiete dem Reich geblieben: der Verlust des Kulturfaktors Deutschamerika allein wäre eine ungeheure, für das deutsche Volk überaus schmerzliche Niederlage.

DAS JUDENTUM

Es gibt weit, weit über eine Million Juden in New York. Sie haben Schulen, wo man aus Grammatiken Jiddisch lehrt, haben fünf in hebräischen Lettern gedruckte jiddische Tageszeitungen — der sozialdemokratische *Vorwärts* darunter mit 200 000 Abnehmern. Es gibt neun jiddische Possen- und Operettenbühnen — ein künstlerisches Theater. Die Juden sind über die ganze Stadt verbreitet, leben in zwei Vierteln besonders dicht.

New York ist die jüdischste Stadt der Erde, ist auch das jiddische Florenz: hier wirken die Dichter — obenan Schalom Asch, David Pinski, Ossip Dymow. Die äußerliche Angleichung der Juden durch Annahme der westlichen Kleider-, Haar- und Barttracht geht rasch vonstatten. Ihre rituellen Speisevorschriften lassen einwandernde Ostjuden fast am Tag der Ankunft fallen.

Gewisse Zweige des Geschäftslebens sind vorwiegend in jüdischer Hand: die Textil- und Kleiderindustrie zum Beispiel. Dem angelsächsischen Bankwesen gehen die Juden sehr zuleibe. Die Abwehrbewegung ist im Wachsen; der Harvarduniversität hat man Einsetzung eines Numerus Clausus für Juden vorgeschlagen.

Der Zionismus ist nicht mehr Partei-, sondern Nationalangelegenheit. Die Deutschen in Europa lehnen die Ostjuden ab; aus Notwehr riegeln sich die Juden im Zionismus, im Jiddischen ein.

Wer den Krieg in Polen, Russland, Rumänien mitgemacht hat, weiß, dass die Juden weit nach Morgen hinaus zähe Hüter und Erben einer alten deutschen Mundart sind. Ihnen lag, wenn sie europäisches Wissen trinken wollten, der neuhochdeutsche Quell zunächst.

Diese Millionen Juden nun in Amerika und Osteuropa werden der deutschen Schriftsprache über kurz oder lang verlorengehen: genau wie sich vor ein paar Jahrhunderten die Holländer für immer abgespalten haben.

DAS RÄTSEL

Charakteristisch für die harmlos-fröhliche Zelle im Gemüt des Amerikaners:

Ein paar Tage ging es in allen Schichten Amerikas um: »Marie ist 24 Jahre alt. Sie ist zweimal so alt, wie Anna war, als Marie so alt war, wie Anna jetzt ist.«

Die Leute auf der Straße grüßten einander:

»Wie alt ist Anna?«

DER BOOTLEGGER

»Bootleggings« bedeutet wörtlich Stiefelschäfte.

Als man den Indianern in ihren Reservationen das Schnapstrinken verbot, brachten freundliche Menschen ihnen Schnaps in den Schäften der hohen Reitstiefel. Diese guten Menschen hießen Bootleggers.

Die Weltgerechtigkeit pflegt Wohltaten zu lohnen: jetzt ist in der ganzen Union das Erzeugen, Feilhalten und Transportieren berauschender Getränke unter Strafe gestellt; aus Bahama, aus Mexiko, aus Kanada — aus heimlichen inländischen Kellern und Kesseln versorgt der Bootlegger das dürstende Bleichgesicht.

Zur Zeit soll das Geschäft in Bahama flau gehen; das englische Mutterland liefert guten, echten Whisky angeblich unmittelbar an die amerikanische Schmugglerflotille; diese wieder, vor der Ostküste der Union kreuzend, verteilt den Segen auf die Häfen…

Der moderne Bootlegger trägt keine Schaftstiefel; und reitet nicht. Sondern in der Limousine fährt er vor und ist überaus elegant gekleidet.

Was er einem aber anbietet, ist ein Höllenbräu: der Schnaps — Strychnin, der Sekt — zornige Limonade, und das Bier wäre vom Apotheker auf Zucker und Eiweiß zu untersuchen.

Seit ich Amerika betreten habe, höre ich nichts als Schimpfen über das Alkoholverbot.

Wie töricht die Gegner der Prohibition sind! Statistik und Medizin lehren uns, dass man anderswo nicht nur Milliarden des Volksvermögens jährlich für Alkohol vertut — dass auch Irrsinn, Leibeskrankheit, Verbrechen durch Alkohol gefördert werden. Und da sind die Amerikaner unzufrieden mit ihren strengen Gesetzen?

In Schweden herrscht Prohibition, gemildert durch Schwedenpunsch. — In Norwegen konnte man die Prohibition nicht ganz durchführen, weil das Land auf die Ausfuhr von Fischen angewiesen ist; einerseits schreien die Fischer bei ihrem nasskalten Gewerbe nach Grog — anderseits wünschen die Fischimportländer ihren Wein loszuwerden; Spanien zum Beispiel tauscht norwegische Fische grundsätzlich nur gegen Malagawein. — Als Russland in den Krieg eintrat, war's das erste und vernünftigste, die Wodkavorräte auslaufen zu lassen. — Die frommen Moslim verabscheuen geistige Getränke — fromme Türken genießen nur Wasser, jawohl, genießen es; sitzen stunden- und tagelang an flüsternden Bächen und blicken in das Wellenspiel. Man nennt das »die Sorgen in fließendes Wasser werfen«. Und fromme Türken können sich stundenlang über Blume, Gehalt, Aroma, Würze des einen und des andern Quells unterhalten — genau wie die Weinkenner über Wein reden — in Ausdrücken, die kein Laie versteht. Nur gibt es leider sehr wenig fromme alte Türken mehr — und die jungen trinken Schnaps.

Schnaps und Wein sind sehr süße Gifte und können unleugbar das Leben verschönern. — Vielleicht ist ein Leben, das nur der Gesundheit, Arbeit, der Vernunft gewidmet ist, gar nicht schön. Vielleicht ist also auch das Leben in absoluter Abstinenz, das Leben des amerikanischen Volkes, nicht schön. Und mancher pfeift auf die Freiheit eines Landes, das seinen Bürgern den Alkohol entzieht; dem amerikanischen Arbeiter besonders ist die Enthaltsamkeit vielleicht von Leuten aufgezwungen worden, die gar nicht das Wohl des Arbeiters im Auge hatten, sondern das Wohl des Kapitals, das den Arbeiter zum Sparer erziehen wollte, zum ruhigen Kleinrentner, willigen Werkzeug.

Mag alles sein — mag diese Art Arbeiterfürsorge vom Todfeind herrühren — dennoch halte ich Prohibition für eine gute Sache. Weil nämlich das Alkoholverbot so leicht übertretbar ist und fortwährend übertreten wird.

»Mensch«, werden meine Freunde rufen, »Roda, Sie sind ja auf den Kopf gefallen. Sie billigen das Alkoholverbot, und in einem Atem freuen Sie sich darüber, dass man es nicht einzuhalten braucht?«

Ja, liebe Freunde, so ist es. Diesen Zustand halte ich für ideal.

In Mittel- und Westeuropa nämlich, wo kein Verbot herrscht, ist der Zustand in Wahrheit so, dass dem einzelnen der Alkoholgenuss vorgeschrieben ist. Nicht von Gesetzes wegen — aber durch Gewohnheit und Sitten. Du betrittst ein Speisehaus, und der Wirt sieht dich schief an, wenn du nicht Bier oder Wein verlangst. Brauchst nicht einmal zu verlangen — man stellt dir von selbst die Flasche hin. Man trinkt auf dein Wohl, und du musst Bescheid tun. Das ist Zwang.

In Amerika? Wer nicht besonders will, stark will, muss hier nicht trinken. Das ist Freiheit.

»Mensch«, rufen nun meine Freunde, »Mensch, ist es denn nicht unmoralisch, ein Gesetz zu dulden, das immerzu übertreten wird? Muss ein so schlimmes Exempel nicht auch die Achtung vor den Gesetzen überhaupt erschüttern?«

Gemach, meine Lieben! Wir haben in aller Welt Monogamie; der Mann darf nur eine Frau haben, die Frau nur einen Mann. Täglich und nächtlich drückt Amor ein Auge zu, Themis beide Augen. — Die Übertretbarkeit ist kein Einwand gegen die Vortrefflichkeit eines Gesetzes. Gesetze werden vom Leben durchlöchert wie Käse; »es gehört dazu.«

Und wenn mir einer sagen wird: Prohibition sei in Wirklichkeit nur für die armen Leute da — die Reichen können dem Bootlegger jeden Preis zahlen und trinken was sie mögen — so erwidere ich: Gesetze richten sich immer nur und überall gegen die Armen; wenn ein Reicher stiehlt, ist es Kleptomanie — wenn er mordet, ist es Geisteskrankheit, und der Reiche kommt nicht auf den Elektrischen Stuhl, sondern unter die kalte Dusche des Sanatoriums.

Man trinke jetzt in Amerika mehr als je? — Verzeihung, liebe Freunde, ihr übertreibt. Man trinkt nicht mehr als früher. Höchstens ebensoviel. Die Flasche kostet vier Dollar; das fördert sehr die Trockenheit.

Es geht die Sage, dass zum Kaplan ein katholischer Ire beichten kam, er sei Bootlegger. Der Kaplan war verwirrt, denn ihm in seiner jungen Praxis war diese Sünde noch nicht vorgekommen, und vielleicht war der Kaplan auch etwas eingeschüchtert durch das ungewöhnlich vornehme Auftreten des Beichtkindes. Bei Bootleggern gehört ja Eleganz nun mal zum Handwerk… Kurz, der Kaplan wusste dem Iren keine Buße vorzuschreiben und fragte seinen Vorgesetzten Pfarrer um Rat: »Hochwürden, hier ist ein Mann, der sagt, er wäre Bootlegger. Was soll ich ihm geben?« — »Vier Dollar, keinen Cent darüber«, entschied der Pfarrer.

Und es geht die Sage von einem Neger, der, entenhaft wankend, dem Gleis entlang dahinging, mit der Schnapsflasche hinten in der

Hosentasche. — Da brauste der Zug heran und warf den Neger um. Seufzend erhob sich der Neger und fühlte zu seinem Schrecken Feuchtigkeit hinter sich herabrinnen. — »O Gott!« sprach er, »hoffentlich ist es Blut.«

Und es geht die Sage: Der und der Klub sei von Prohibitionsagenten vom First bis zum Keller nach Spirituosen durchsucht worden. Die Agenten öffneten sogar die Gashähne — weil vorgekommen sein soll, dass ein Gashahn in Wahrheit den Kran darstellte einer geheimen Whiskyröhrenleitung. In diesem Klub aber fanden die Agenten nichts; keinen Tropfen. Da fasste der oberste der Agenten den Klubmanager am Rock und sprach: »Sie werden mir doch nicht einreden wollen, dass Sie wirklich keinen Alkohol im Hause haben?«

»Herr«, entgegnete der Manager, »wir führen nichts dergleichen — Sie haben sich selbst davon überzeugt.«

Der oberste Agent — anerkennend: »Ihr seid nicht nur geschickt — sondern auch verschwiegen. Mit solchen Leuten mache ich gern Geschäfte. Ich empfehle Ihnen meine Dienste. Ich liefere nur die besten in- und ausländischen Marken, billiger als jede Konkurrenz.«

So geht die Sage. — Nun werden meine Freunde wiederum entrüstet rufen: »Es ist doch abscheulich, dass gerade jene Leute, welche die Wächter eines Gesetzes sein sollen, das Gesetz umstoßen, es umstoßen helfen und Nutzen aus ihrem schändlichen Treiben ziehen.«

Darauf habe ich zu erwidern, dass diese Einrichtung vielleicht nicht sittlich ist, aber durchaus praktisch. Ein Volk, das Prohibitionsagenten besoldet, kann nicht überdies noch eigene Beamte bezahlen zur Umgehung der Vorschriften. Beide Geschäfte müssen in einer Hand liegen — das ist sparsam und erleichtert die Übersicht. Die Grenzen der Vereinigten Staaten sind sehr ausgedehnt — ich schätze 12 000 Meilen. Um diese ungeheuern Grenzen zu überwachen, damit kein Tropfen Alkohol eingeführt werde, müsste wohl die Hälfte der amerikanischen Einwohner rastlos Wache stehen und achtgeben, dass die andre Hälfte nicht schmuggle. Besser, die Zollwächter schmuggeln selbst, dann sind die übrigen Bewohner frei für nützlichere Beschäftigung.

Ein Staat nämlich, Freunde, kann nicht regiert werden mit Doktrinen. Der Staatslenker muss lavieren, konzedieren; nachgeben, ausweichen, stehenbleiben und weiterfahren — gerade wie ein Chauffeur im Gewimmel des Broadways. Wenn der Staatslenker rücksichtslos dreinführe, ohne nach rechts und links zu blicken, ginge die Karre bald in Stücke.

Es wird so viel, es wird so boshaft, so albern über die erzwungene Trockenheit geredet. Ich schlage eine Verschärfung der Prohibitionsakte vor: nicht nur das Bereiten, das Feilhalten und Transportieren von Alkohol sollte verboten werden — sondern auch das Erfinden von Prohibitionslegenden, das Feilhalten gehässiger Gespräche über das Alkoholverbot und das Reisen mit solchen Reden.

Denn das Alkoholverbot ist gut und nützlich, man sollte es nicht antasten.

REICHTUM

DAS BANKETT

Michael Bohnen, der Wiener Sänger, ist an der Metropolitan Opera engagiert, ein aufsteigender Stern am Himmel — verspricht Enrico Carusos Nachfolger zu werden in der Gunst Amerikas.

Solch einen Mann kennenzulernen, ist interessant genug; auch er, das weiß ich, wünscht mit mir zusammenzutreffen.

Gemeinsame Freunde wollen ein Stelldichein vermitteln und wählen als bequemste Gelegenheit das Jahresessen der Theatergilde.

Die Theatergilde — auf deutsch: Freie Bühne New Yorks — ist unter ungeahnten Erfolgen vier Jahre alt geworden. Daher: Stiftungsfest. Wo? In sämtlichen Räumen und Nebenräumen des Waldorf-Astoria. Wann? Natürlich Sonntag. — Sonntags spielen ja die Theater nicht.

Allein die gute Absicht meiner Freunde scheitert. Weil nämlich alle Plätze beim Bankett der Theatergilde längst vergriffen sind — 2000 Plätze zu zehn Dollar.

Rechnen Sie die Summe in Mark um, und Ihnen wird schaudern.

DAS MILLIARDÄRCHEN

Europäische Freunde haben mich mit einem Empfehlungsschreiben an Yellows ausgestattet, eine Familie der High Society in New York. Ich ließ den Brief abgeben.

Tags darauf schellt in meinem Gasthofzimmer der Fernsprecher: Miss Yellow. Ob ich denn Zeit hätte? Sie wünsche mich kennenzulernen. Womöglich sofort — wenn nämlich mein Auto in Ordnung sei. Oder sie werde mich in ihrem Auto holen lassen.

Worum ich gehorsamst bat. Ohne Miss Yellow erst des breiten aufzuklären, dass deutsche Schriftsteller keine Autos zu haben pflegen.

Von der Existenz dieser Miss Yellow hatte ich übrigens bis dahin nichts vernommen.

An der Parlorschwelle bei Milliardärs empfängt mich eine junge Dame von (schätze ich) sechzehn. Groß, sehr kräftig; kurzes dunkles Haar; starke Hände. Bald zeigt sich, dass sie erst dreizehn, jawohl, ganze dreizehn ist.

Sie bietet mir mit vollendetem Anstand Platz an und sprudelt gleich los: »Ich habe Sie aus drei Gründen gerufen. Erstens wollt ich eine Zigarette mit Ihnen rauchen; dann ist meine Füllfeder eingerostet… ich kann sie nicht öffnen; endlich möchte ich über ein Buch von Ihnen reden.«

Um des Himmels willen! Welches meiner Bücher kann in dieses großen kleinen Fräuleins Finger geraten sein?

Die Zigaretten glimmen alsbald — die Füllfeder habe ich, bang vor einer Blamage, vorgenommen und bezwinge sie nach kurzem Ringen. Das Buch aber ist zum Glück alles in allem der *Junker Marius, eine Geschichte für Backfische*.

Es kommen einige Fachausdrücke vom Reiten darin vor, die Miss Dolly nicht versteht. Sie reitet aber leidenschaftlich — darum hatte sie keine Ruhe, wollte die Fachausdrücke erklärt haben. Sie zeigt mir auch Bilder ihrer Pferde — eins davon offenbar ein Lippizzaner, österreichischer Abstammung also, doch in Kentucky gezogen.

Ob denn mein »Junker Marius« (die Heldin der Geschichte) im Quersitz geritten habe? Miss Dolly ziehe den Spaltsitz vor — man könne so das Pferd besser »control«.

Und ob ich schon viele amerikanische Schriftsteller kennte? Oh — [*Henry L.*] Mencken? Ihn sehe sie oft. Er sei absolut amüsant. Seine Werke allerdings habe sie nicht gelesen… nur auf Pa's Schreibtisch die Titel: *In Defense of Women* und andre.

Ich schweige muckmäuschenstil! — das Milliardärchen soll das Gespräch ganz allein führen müssen. Bin neugierig, wie sie es anfängt.

Einen Augenblick gerät sie denn auch ins Stocken, in Verlegenheit. Rasch holt sie ein Album und zeigt mir Lichtbilder — immerzu — von der Farm, der See, von Tante, Onkel, Bruder, Vetter — Lichtbilder immerzu.

»Und Freitag abend?« ruft sie plötzlich. — »Sie müssen alles absagen und zu mir kommen. Pa gibt einen Ball für mich… Ich fürchte

nur, Sie werden der Älteste sein« — sie schaut mich unendlich schalkhaft an. — »Tante ist nämlich erst fünfundsiebzig.«
—Wenn sie mit dreizehn schon so boshaft ist: die kann gut werden.

DER MILLIARDÄR

Gewöhnliche Milliardäre wohnen an der Fifth Avenue, wo sie den Zentralpark streift — wie Senator William Clark zum Beispiel, der Kupferkönig; er hat dem Architekten aufgetragen, ihm ein möglichst kostspieliges Haus zu bauen, »das kostspieligste der Welt« — und es ist glücklich das scheußlichste geworden — sieben Millionen Dollar Vorkriegspreis.

Yellows aber wohnen raffiniert nobel: in der Nähe der St.-John-Kathedrale, Riverside, mit Aussicht auf den Hudsonfluss.

Yellows haben heute Abendempfang, »Ressepsch'n«. Vielhundert Meter vor dem Haus schon stauen sich die Autos. Über den Bürgersteig wölbt sich hellerleuchtet ein Zelt: damit die Damen aus dem Wagen gleich ins Trockene kommen.

In der Halle Scharen von Lakaien, nehmen die Mäntel ab. Ich bekomme die Garderobenummer 930; und bin noch lange nicht der letzte. — Die Damen finden einen eigenen Raum zum Ablegen; und Zofen.

Im Treppenhaus prachtvolle Fresken. Die Salons einfach, edeln Geschmacks. Im ersten Stockwerk, unter strahlenden Lüstern, wimmeln die Gäste. Alle Herren schlank, glatt rasiert; glatt gekämmt, in Fräkken und Tuxedos. Auch die Damen fast uniform, nur durch die Farbe der Toiletten verschieden, diamantenbesät. Man liebt in Amerika keine originellen Kleider. Alle Brauen sind schmal und schwarz, alle Lippen sind schmal und rot — die Wangen aber mit Eis geschminkt, das heißt: mit einem Stück Eis rotgerieben; das hält, sagt man mir, eine Nacht vor.

Ich kenne niemand. Doch: die dreizehnjährige Haustochter; sie ist aber nicht da. Ich komme mir sehr fremd und überflüssig vor.

Dann erblicke ich Willem Mengelberg, den berühmten holländischen Dirigenten. Und Willem van Hochstraaten, seinen Landsmann und Kunstgenossen. Frau Harriet Kreisler (Fritz Kreisler, sagt man mir, konzertiere in Kalifornien). Und Professor Frederic Lamond ist hier, der Schotte; und seine Gattin Irene Triesch. (Wie klein New York ist! Frau Triesch begegnet mir — ohne Verabredung — nun schon zum fünftenmal.) Und der Arthur Maler Ratzka. Und Professor Adolf Lorenz (ich kenne ihn vom Bankett her des Grafen Hugo von Lerchenfeld; er heißt »The Austrian Magician« — »der Zauberdoktor aus Österreich«).

Und die beiden Pianistinnen sind da: Frau Germaine Schnitzler und Ellen Ney (Hochstraatens Gattin); Professor Eduard Wimmer (der Kunstgewerbler); Konstantin Stanislawskij aus Moskau (der als einziger außer mir in New York eine Pelzmütze trägt). Ralph Benatzky, der Operndirektor; Maria Jeritza (sie hätte ich als erste sehen müssen — die Sonne Amerikas); Elena Gerhardt (die Sängerin), Frau Marcella Sembrich; und der Apotheker Émile Coue (ein Franzose — in aller Leute Mund)…Ich merke bald, dass alle, alle hier in der Leute Mund sind — jemand in diesem Salon sammelt Tagesgrößen. Wie aber komme ich hierher…? Richtig, ich war vor etlichen Tagen in der *World* abgebildet und ausführlich beschrieben: hinc illae lacrimae …

Ich teile die Ehre, aufgefordert zu Yellows zu sein, mit Spiritisten, Gedankenlesern, Meistern christlicher Wissenschaft, mit Sektierern, Nabobs, Majong-Lehrern. Man zeigt mir Mister Charles Pratt, der den höchsten Wolkenkratzer der Erde bauen will, hundert Fuß höher als das Woolworth Building: auch die ägyptischen Könige suchten sich durch die größten Pyramiden zu verewigen — Eine komplizierte Gesellschaft. Nur die berühmten Verbrecher fehlen. Und wer weiß? Vielleicht sind auch sie hier.

In einer Ecke politisiert man; in der andern vergibt man Theaterdirektionen und Verwaltungsratsstellen; ein Gesundheitsapostel wirbt Patienten, ein Flötenvirtuose Mäzene für eine Musikakademie; am Spiegeltischchen bildet sich unter Lachen und Schwatzen ein wohltätiges Komitee; die Frau mit dem haselnussgroßen Rubin am Hals sagt: sie gäbe ihren letzten Cent her für die hungernden deutschen Kinder.

Der Majong-Lehrer erklärt, neue Schüler nicht mehr annehmen zu können. Das »Spiel der Winde« ist nämlich so sehr in Mode; weit schwieriger als Schach, reicher an Kombinationen. Sind auch zu niedlich, diese Elfenbeinwürfel mit den bunten chinesischen Symbolen, diese Kästchen, Plättchen, Stäbchen und Ships. Es gibt schon eine

Literatur des Majong. — Der Apotheker Coue wieder, ein alter munterer Herr mit Spitzbart und roter Nase — Emile Coue hat es mit der Willensstärkung, der Autosuggestion; ist volkstümlich wie niemand in New York — man sieht ihn täglich karikiert, sieht ihn im Kino auf der Leinwand — und immer predigt er — und lässt, wie jetzt, von den Zuhörern zwanzigmal im Chor wiederholen: Day by day, in every way, I am getting better and better. »Bilde dir ein, glücklich zu sein, und du bist es.« — Amerika ist das Dorado der Gesundbeter, Naturärzte, Heilmagnetiseure, Geheimmittelbrauer; der Yankee ist magenkrank durch Eisgetränke, ist überhetzt und hypochondrisch und... grenzenlos naiv. Überdies leidet jetzt jeder Gebildete an Grippe; die bessern Menschen an Lungenentzündung.

Elf Uhr abend. Endlich werde ich dem Hausherrn vorgestellt. Er ist von seiner Frau geschieden, ein unsäglich müder Greis, blickt gelangweilt, gleichgültig über die Welt hinweg — sieht auch gar nicht hin auf die Menschen, die man ihm zuführt; sondern berührt nur, berührt kaum ihre Hand, lächelt gläsern und geht wieder. — Mister Yellow ist einer der reichsten Männer Amerikas, also wohl: der Erde. Man schätzt sein Jahreseinkommen auf vielhundert Millionen. Natürlich hat er klein begonnen: mit Erzeugung einer Klystierspritze »Selbst ist der Mann.« Er vereinfachte, typisierte sie — rief durch Gutachten berühmter Gelehrter Nachfrage hervor und warf täglich 200 Stück auf den Markt. Gewinn: je zehn Cents, zwanzig Dollar.

Sein Trumpf aber, die Schicksalswende war das Bestellungsschreiben des Königs von England, Eduard des Siebenten, auf den kleinen Apparat. Für dies Bestellungsschreiben hatte Yellow seine gesamte Habe geopfert. Es erschien sofort als Faksimile in allen, in allen Blättern, auf den Firsten, Zäunen, Wagenfronten Amerikas, auf den öffentlichsten und den verschwiegensten Orten: und die Nachfrage ward zum Sturm, 200 000 Stück täglich. — Seither hat Mister Yellow sämtliche Fabriken medizinischer Apparate aufgekauft und stillgelegt. Infolge des Antitrustgesetzes musste Fellow seine Hauptgründung in 73 Tochtergesellschaften auflösen; jede davon hat jetzt mehr Kapital als die ursprüngliche Firma... Und alle 73 — es ist ein Rätsel — vermeiden es, einander zu unterbieten...

Der Hausherr nimmt nicht den geringsten seelischen Anteil an dem Abendempfang — das Ganze geht ihn auch nichts an. Das Ganze ist

Sache einer Nichte, die den Alten am Finger hat; eines schönen, reifen Mädels, einer ruhlosen Hysterikerin, die immerzu im Mittelpunkt allgemeiner Aufmerksamkeit stehen muss, oder sie weiß nichts mit sich anzufangen. Weh dem aber, der ihr Aufmerksamkeit schenkt: sie lohnt mit frostigster Verachtung.

Der Hausherr sammelt Altertümer: Höhlenmalerei, Griechenland, Pompeji. Und alte Italiener: Della Robbia, Cima da Conegliano, Fra Filippo Lippi. Sie sind im Seitenflügel des Hauses zu einer Galerie angereiht — jedes Bild für sich diskret und wirkungsvoll beleuchtet. Es hängt der schlechteste Tizian da, den ich je gesehen habe. Aber ein bezaubernder Donatello. Ein Lionardo, berechnend geschickt. Wenn dieser Veronese echt ist, lasse ich mich aufknüpfen. — Als ich die Sammlung besichtige, steht, wie ein Schatten hingehaucht, ein Mann in der Ecke, ein Diener. Woher so plötzlich? Ungesehen, ungehört. Wozu? Um mich zu überwachen? Und des Hausherrn Schätze? — Werden alle einst einem Museum zufallen.

Halb zwölf. Ein lukullisches Büfett tut sich auf. Alle Fress- und Trinkopfer der Erde. Vorräte eines alten Kellers; man wird sie — im Land der Prohibition — wohl kaum je ersetzen können. Ein Herr fragt mich eindringlich, welches der phantastischen Gerichte, welcher Sekt und Likör mir am besten munde. Und wo ich denn wohne? Der Herr ist der Majordomus, wie sich zeigt. Ich möchte ihm antworten: dass ich Zungennerven überhaupt nicht habe und am wenigsten von Kulinarien und Wein verstehe. Aus Artigkeit lobe ich den weißen Bordeaux. Redakteure der größten Blätter gehen umher, notieren Namen und Stand der Gäste; es muss jeder in die Zeitung, der in der High Society verkehrt.

Um zwölf gehe ich — ohne Abschied, wie ich, ohne begrüßt zu werden, eingetreten bin. — Es ist auch nicht üblich, vor- oder nachher Visite bei Yellows zu schlagen.

Als ich heim in mein Hotel komme, verstehe ich erst, wozu der Majordomus so eifrig nach meiner Adresse und Weinmarke gefragt hat: es steht da und wartet schon auf mich ein halb Dutzend Flaschen des weißen Bordeaux.

DER HANDEL

Ich entsinne mich nicht mehr, ob an der Dritten oder Zweiten Avenue, jedenfalls aber weit im Osten New Yorks, und zwar in Downtown entdeckte ich eines Tages zufällig den Fat Mens Shop, »Kaufhaus für fette Männer«. Der Inhaber des Ladens ist Auslanddeutscher in doppeltem Sinn: stammt aus Kula, einer schwäbischen Sprachinsel in Südslawien, und wohnt seit soviel Jahren in New York, dass er sich völlig amerikanisiert hat; spricht kaum mehr deutsch, Gott weiß, wie er auf den Einfall geraten ist, sich so absonderlich zu spezialisieren: auf Bedarfsgegenstände für fette Männer.

Er führt mich in seinen Laden und zeigt mir die Vorräte. Wahrlich, hier könnte man Elefanten bekleiden. Da gibt es Hemden für einen Brustumfang von 72 Zoll und mehr. Das bedeutet: 183 cm. Stiefel, 19 Zoll oder fünfzig Zentimeter lang. Sie, Herr Leser, und Ihre Frau Gemahlin können alle Ihre Füße bequem in solch einen Stiefel tun.

Und der Kaufmann, selbst schlank wie eine Tanne, betreibt sein Geschäft mit Liebe. Ja, er ist stolz darauf — und mit einigem Recht — es hat auf dem Kontinent, vielleicht auf Erden nicht seinesgleichen. In Amerika, wo fette Männer so selten sind, zählt er 4000 Kunden. Sogar der Eisenbahnkönig Archer Huntington muss seine Strümpfe dort in Downtown an der Zweiten oder Dritten Avenue kaufen, statt in den eleganten Läden der Madison.

Viele Abnehmer des Fat Mens Shop sind schon als kuriose Gestalten in den Zeitungen abgebildet gewesen. Der dickste Kunde aber ist Steuereinnehmer in Buffalo, ein stattliches Figürchen von sieben Fuß fünf Zoll, das sind 216 cm Seehöhe, und einem Umfang, sage ich Ihnen: wenn der Mann mal, Gott behüte, in den Eriesee fallen sollte, ist der Niagarafall verstopft und muss künstlich wieder in Betrieb gesetzt werden. Die Handschuhe für diesen Steuereinnehmer stellt man eigens her: man schlachtet ganz einfach vier Büffel und ein Renntier — das reicht grade, wenn es vier ausgewachsene Büffel sind. Der Beamte bezieht eine besondere Zulage von Uncle Sam — seine Erhaltung lohnt sich aber: in seinem Bezirk wagt niemand, im Rückstand mit den Abgaben zu bleiben — auf die furchtbare Gefahr hin, dass ihm eines Morgens der Steuereinnehmer mahnend auf die Schulter klopfen könnte.

»Jeden Augenblick«, sagt ein kluger Kopf und dicker Mann, »jeden Augenblick kommt man mir mit Medizinen oder Kuren — mutet mir systematische Körperübungen zu oder eine grausame Diät, um mir das Fleisch von den Knochen zu reißen. Will ich denn im Umfang abnehmen? Beileibe, ich fühle mich in meinem Zustand wohl; sooft ich an Gewicht verliere, verliere ich auch meine gute Laune.«

Dicke Leute lieben zu essen und zu trinken. Sie mäkeln an den Speisen nicht; nehmen ein tüchtiges Frühstück, Mittagbrot, Abendessen und zwischendurch mal einen Happen.

Leute mit Appetit sind heitern Gemüts — sie ziehen Freude sogar aus den Notwendigkeiten der Lebensfristung. Sie sind die Retter der Rasse. Sie erhalten die Menschheit bei Humor. Ja, sie führen bei sich, in sich die Quelle des Humors. »Überdies«, sagt der kluge Kopf und dicke Mann, »wenn es nur fette Leute gäbe, wäre die Menschheit sicher vor Kriegen.«

Das sind die Leitsätze des Fat Mens Shop.

DER LITERATURMARKT

Immer wieder fordern meine deutschen Freunde, ich sollte ihre Dichtungen hier an den Mann bringen: den Verleger, Theaterdirektor. Wie aussichtslos solche Versuche sind, ist meinen Freunden schwer begreiflich zu machen.

Amerika hat ein großes einheimisches Schrifttum. Der Verleger ist von Talenten belagert. Aus Britannien, Frankreich, Italien, Schweden, Russland lockt der hohe Dollarstand Angebote herbei; aus Böhmen, Ungarn. Bei den Proben der Vaudevilles, Revuen, Lustspiele sitzen erfindungsreiche junge Leute im Parkett, um dem Theaterleiter auf dem Fleck neue Einlagen aufzuschwatzen — Text und Musik — wenn ihm eine Szene, eine Arie zu missfallen scheint.

Denn nirgends sind Kunst und Kitsch industrialisiert wie hier; nirgends der kommerzielle Betrieb der Bühne so riskant: Ein Erfolg macht zum Millionär; ein Durchfall zum Bettler. Ein virtuoses Stück »läuft« drei, vier Jahre: in New York und — in zweiter, fünfter, neunzehnter Besetzung — strahlenförmig bis Florida, Oregon und Texas. Bei uns kann ein Schwank, ein Buch von Hamburg, Leipzig, München seinen Weg antreten. Hier startet man immer in New York; Chicago wollte eine Zeitlang eigene Rennen machen und gab das Beginnen nach einigen kostspieligen Versuchen reumütig auf.

Der Verleger muss viel Kapital in jedes einzelne Buch stecken. Herstellung, Anzeigen, Kritiken sind teuer. Jawohl, auch die Kritiken... Ein Verleger, der nicht Inseratseiten kaufen kann, fängt besser gar nicht erst an zu edieren.

Da überlegen denn Direktor und Verleger zweimal, ob sie ein Stück, einen Roman lancieren sollten; und stehen von dem Unternehmen ab, wenn der geringste Zweifel an der Nutzbarkeit ihnen abrät.

Ein deutsches Werk? Wird es verstanden werden? Es ist vorweg durch Gedankenballast gehandikapt. Das amerikanische Werk ist sicherer Sieger auf wohlvertrauter Bahn.

Denn welche Qualitäten bringt der europäische Wettbewerber mit? In unsrer Literatur steht das Sexualproblem an erster Stelle. Nicht so im amerikanischen Leben. Die Beziehung der Geschlechter ist hier einerseits kameradschaftlicher als bei uns — kraft einer durch Schule, Sport und Arbeit ausgebildeten Gemeinsamkeit — anderseits weist die Sitte (vielleicht von der frauenlosen Kolonialzeit her) dem Weib einen Vorrang an, das Gesetz stärkeren Schutz.

Mir scheint manchmal, als klinge in Amerika noch von fern das europäische Mittelalter nach mit Kirchenstreit und Minnedienst. — Man lasse sich durch die New Yorker Halbnackttänze nicht täuschen (die hier auch erst seit dem Krieg zu sehen sind): Amerika ist prüde; eine ledige Mutter hat nicht auf Teilnahme zu rechnen; ein Don Juan nicht auf jene heimliche Bewunderung, die wir ihm zollen; Ehebruch nicht auf schmunzelnde Vergebung. — In diesem Land einer schwachem Erotik und stärksten Hypokrisie fehlt es also der größern Hälfte unsrer Literatur an den beim Publikum vermuteten Voraussetzungen.

Das häusliche Leben ist von unserm grundverschieden. Es spielt sich in engern Räumen ab, unter andern Hemmungen, mit andern Bequemlichkeiten. — Ebenso fremdartig für europäische Augen sind die Einrichtungen der Öffentlichkeit; des Gemeinwesens; der Universität, des Studententums. Es gibt keine historische Stadt in Amerika: das älteste Gebäu, kann man im allgemeinen sagen, steht seit dreißig Jahren — die älteste Familie hat noch europäische Großeltern. Ein Dorf, einen Bauernstand kennt Amerika nicht.

Fast jeder Wohlhabende ist hier Emporkömmling. Arbeit schändet nicht, Aufstieg durch Arbeit macht nicht lächerlich. Wenn hier ein Sattler Staatspräsident würde, rechnete man ihm die Schwielen seiner Hände wie Orden an. — Die paar Patrizierfamilien mögen hoch angesehen sein: im weiten Land zählt ihr Einfluss kaum. — Manche unsrer Schriftsteller haben amerikanische Gestalten zu zeichnen versucht. Die Gestalten blieben im Konventionellen stecken, sind völlig verzerrt, missraten in den Umrissen. Auch die gesellschaftliche Erörterung also in unsrer Literatur stößt hier auf Unverständnis.

Nationale Fragen… Dieselben Völker, die sich in Europa schlagen, vertragen sich auf dem Boden der Union — vielleicht mit

Ausnahme der Iren, die leidenschaftlich heimischen Chauvinismus mitmachen.

Europäische Streitereien sind dem Yankee Hekuba; wie dies Europa im Ganzen; es gilt nur — im Sommer — als beliebter, wohlfeiler, nicht uninteressanter Ausflugsort, die Fahrt dahin für eine Sache, aus der man nicht Wesens macht. Etwa wie der Dresdener sagt: »Ich gehe nach Schreiberhau.« Die kommunalen Angelegenheiten von Schreiberhau lassen ihn dabei völlig kalt. — Die Vereinigten Staaten sind ja selbst so groß wie Europa; die Entfernung von San Francisco nach New York genau wie jene von Madrid nach Moskau; die europäischen Fürstentümer und Republiken sind herzlich lächerlich: es könnte ja Italien Krieg mit Deutschland führen, Polen Krieg mit Ungarn, Rumänien mit der Türkei, indem die beiden Gegner das Land dazwischen, ohne es zu betreten, überschießen...

Was aber bleibt unsrer Literatur, wenn man ihr die Liebe abstreicht, die Familie, das Städtchen, das Dorf, den Bauern, Bürger, Adel, das Volk und die Geschichte? — Es bleibt ihr: Verstand und Seele; Philosophie, Psychologie; das Wissen um den Menschen und die Welt. — Es hört sich groß genug an...

Europäische Literatur — du lieber Gott! Wenn der Zuschauer eines Dramas, der Leser eines Buches vor Langeweile gähnt, doch voller Hochachtung für den tiefschürfenden Dichter: so ist er überzeugt, ein Kunstwerk mitgenossen zu haben. Und hat der Dichter die Ergebnisse der Forschung ungenau in Dialog und Reim gebracht, so liegt ein Kunstwerk vor.

Der Amerikaner lehnt eins wie das andre ab: Seelenkenntnis und Weltweisheit; ihm fehlt es an Vorbildung und Willen, sich zu vertiefen; er denkt primitiver, niedriger. Er möchte im Theater, durch Lektüre gespannt sein. Er pfeift auf August Strindberg, das Armeleutestück, auf Wilhelm Raabes durch Tränen lächelnden Humor. Der Amerikaner sucht kaustischen, drastischen Witz in handgreiflichen Verwicklungen. Da habt ihr's. Wünscht auf den Brettern ein Dasein zu sehen, wie er es gern haben möchte: ohne Sorg' und Qualen — und am Schluss muss rührende Lösung, Erlösung sein — allenfalls noch eine kindliche Symbolik mit Feen, Sternenbanner und bengalischem Licht. Je schwerer der Alltag den Amerikaner belastet: desto weiter will er im Kunstwerk der Wirklichkeit entrückt sein.

Psychische Notwendigkeit, eine Lehre vom Ausgleich, die auf eine Formel erst noch zu bringen ist.

»Schön«, erwidern meine europäischen Kameraden, »wir beginnen einzusehen, warum 99 Werke wiederkommen — von hundert, die wir über den Ozean schicken. Wir haben dem Amerikaner wenig zu sagen. Doch dem Deutschen in der Neuen Welt? Wie steht es mit dem Deutschtum?«

Freunde, ich rede ungern davon — und nur, weil ihr mich zwingt: Es gibt kein Deutschtum in Amerika, wie ihr euch es vorstellt: eine organisierte Partei oder Masse. Es gibt da und dort hervorragende, sehr kluge Männer mit deutschen Herzen; gibt sogar vereinzelt deutsche Städtchen. Doch im allgemeinen hat der Krieg das Deutschtum erwürgt — wenn ich noch deutlicher sprechen soll: geköpft.

Was in den gelichteten, Schützen-, Gesangvereinen zurückblieb, sind (nach einem Wort Herbert Eulenbergs) »Gustav-Freytag«-Deutsche. Gute, treue, prächtige Menschen, die unendliche Opfer für das hungernde Vaterland gebracht haben. Ihre Kunst- und Weltanschauung steht oft auf dem Niveau des Einwanderungsjahres, bis dahin hatten sie Anschluss an die deutsche Bildung. — New York, die Stadt mit angeblich 600 000 Deutschen, hat kein deutsches Schauspiel. Hingegen macht das russische Cabaret »Chauve-Souris«, direkter Nachkomme der Wiener »Fledermaus«, Enkelkind also der »Elf Scharfrichter«, seit ungezählten Monaten volle Häuser, trotzdem es die höchsten Eintrittspreise unter sämtlichen Vergnügungsstätten verlangt.

Die deutschen Zeitungen Amerikas sind zum Teil eingegangen; die am Leben blieben, haben bejahrte Bezieher, die dem Blatt aus Gewohnheit anhangen; nur ein deutsches Blatt aber kann heute — dies ein charakteristisches Streiflicht — einen eigenen Nachrichtendienst aus der Bundeshauptstadt erschwingen. — Bei uns herrschen eben, was die Erhaltung des Deutschtums im Ausland betrifft, völlig überholte Anschauungen. Man beruft sich auf die Pennsylvanier, Wolgadeutschen, die Sachsen in Siebenbürgen, die Schwaben in Syrmien; sie wären seit Jahrhunderten abgesprengt und beständen noch… Gewiss. Doch ihnen ließ ländliche Ruhe ihre Sprache — ihnen drängte nicht grausamer Daseinskampf die Sprache der fremden Umgebung auf, die Sprache der Schulen, Ämter, des Handels und Erwerbs. Bauern brauchen die fremde Sprache nicht; Städter müssen sie lernen und allmählich annehmen. Das ist in Amerika zum großen Teil geschehen.

Mit Ausnahmen hat der Literaturmarkt nicht zu rechnen; der Deutschamerikaner liest wenig moderne Bücher. Die amerikanischen Juden befassen sich in ihren Theatern und Zeitungen mit den besondern Angelegenheiten ihres Stammes. Sie nehmen rührend innigen Anteil an der deutschen Not, helfen freigebig, sympathisieren warm mit dem deutschen Volk — selbst wenn unverantwortliche Politiker hüben und drüben böse Reden führen. Doch die neue deutsche Literatur findet auch unter den Juden wenig Verständnis.

Noch eins von der Praxis des Literaturbetriebs! Da ist der mangelhafte urheberrechtliche Schutz deutscher Dichtungen in Amerika. Der deutsche Autor ist nicht etwa (wie der Tischler oder Schmied) ohne weiteres Eigentümer seines Werkes; sein Werk ist vielmehr Gemeingut, wenn er es nicht (unter Beischluss eines Dollars) in Washington zum Copyright anmelden. Auch dann bleibt die Arbeit sein ein kurzes Jahr; und ist sie nicht innerhalb dieses einen Jahres hier im Land gedruckt worden, erlischt der Schutz.

So kommt das Copyright nur den berühmten Opern- und Operettenkomponisten zugute. Denn kaum ein andres Produkt ist in Amerika so begehrt, dass es schon innerhalb eines Jahres vervielfältigt würde — oder es lohnte (wie der Aufsatz einer Tageszeitung) das umständliche Nachsuchen des Schutzes nicht.

Dass dieser unmögliche Zustand uns Autoren nicht noch mehr belästigt, verdanken wir ganz allein der Interesselosigkeit des amerikanischen Lesers an unsern Büchern. In der Tat nämlich druckt man deutsche Bücher hier nicht nach. Der amerikanische Verlag ist ein großes Ding — Mister Editor auf seinen Ruf bedacht und lässt sich unsaubere Machenschaften nicht nachsagen — umso weniger, als ihm deutsche Bücher nichts einbrächten.

Skandinavier aber und Russen sind hier um den Ertrag ihrer Federn gebracht worden, wie *Ssanin [ein Roman des russischen Schriftstellers Michail Artzibascheff]* — Immerhin hat man mir in der »Kibitzarnia« (142. Division Street), dem Literatencafé New Yorks, Leute vorgestellt, die »mit ihren Familien seit Jahren von mir leben«, indem sie meine Anekdoten übersetzen und verkaufen. — Man erwägt übrigens im Weißen Haus den Anschluss der Vereinigten Staaten an die Berner Konvention. Und dem Missbrauch der deutschen Zeitungsbeiträge durch amerikanische Blätter soll einigermaßen ein privates Abkommen steuern, das man mit den Blättern eben vorbereitet. Gesetzlicher Schutz wäre ohnehin illusorisch, weil das kleine Objekt nicht lohnt, im einzelnen Fall den Apparat der Gerichte in Bewegung zu setzen.

Alles in allem bedaure ich, nicht zwanzig Jahre früher hergekommen zu sein, den Planeten Erde nicht schon mit jungen Augen von der andern Seite gesehen zu haben. Und kann nur jedem deutschen Dichter raten, das Experiment so bald wie möglich anzustellen. Hier erst wird er gewahr werden des Sterblichen, Örtlichgebundenen, Engen in seiner und der Zeitgenossen Begriffswelt.

JUGEND UND SCHULE

Parlament, Presse, Öffentlichkeit erklären einstimmig das Problem der Jugenderziehung für das schwierigste in den Vereinigten Staaten — ein Problem, das der nächsten Generation wird noch viel mehr als der gegenwärtigen zu schaffen machen.

Die Eltern haben hier keine Zeit für ihre Kinder. Der Vater arbeitet, die Mutter arbeitet oder repräsentiert. Knaben und Mädchen werfen, aus der Schule kommend, ihre Bücher hin und gehen — dem Sport nach, dem Vergnügen, der Arbeit. Amerikanische Kinder wachsen ohne Aufsicht heran; sind selbständig, eigensinnig; die Mädchen überdies putz- und tanzsüchtig; alle durch Sport selbstbewusst, ein wenig zügellos.

In der Familie eines meiner Bekannten, eines Notars, hat sich der ältere Junge aus zusammengeholten Bestandteilen ein Auto gebaut und wartet nun auf seinen sechzehnten Geburtstag, um die Fahrlizenz zu bekommen; der jüngere, zwölf Jahre alt, verkaufte — entgegen dem elterlichen Verbot — Sonntag fünf Uhr morgens Zeitungen auf dem Bahnhof; jetzt ist er in seiner schulfreien Zeit Laufbursche einer Apotheke und lobt sich den Posten sehr, weil er da Ice Cream nach Belieben essen darf; er möchte in die Marineakademie — doch dazu braucht man die Empfehlung eines Kongressmitgliedes.

Zwei Knaben geraten auf der Straße in Streit; legen die Röcke ab und boxen; Zuschauer sammeln sich, Erwachsene, im Kreis, eifern die Kämpfer an und wetten auf den Ausgang.

Ich habe einige Schulen im Osten der Union gesehen.

Aus den Elementarklassen steigt der kleine Amerikaner in die High School auf. Sie entspricht etwa den sechs oder sieben untern Klassen der deutschen Mittelschule, treibt aber weniger Sprachen, dagegen Naturwissenschaften und Mathematik über unsre Realgymnasien weit hinaus; Griechisch kaum. Aber Volkswirtschaft, Verfassungslehre.

Die nächste Stufe führt zur University; ihre ersten vier Semester mögen mit den obersten vier unsrer Gymnasien verglichen sein; dann erst folgt das Universitätsstudium in unserm Sinn. Doch der amerikanische Junge muss sich schon auf der High School für einen Beruf entscheiden, spezialisieren. — Zwischen High School und University steht das College. Der Begriff College deckt sich das eine Mal mit dem der deutschen Fakultät — anderswo etwa mit jenem des deutschen Technikums und andrer gehobener Fachschulen. — Es soll über 500 Colleges und Universitys geben in der Union.

Am eingehendsten lernte ich die De Witt Clinton High School in New York kennen, eine Anstalt für 8400 Schüler, die größte in Manhattan. Professor Dr. Jonas führte mich da um. Riesiges Hauptgebäude, zahllose »Annexes«. Einen einheitlichen Lehrplan nach Jahrgängen gibt es nicht. Der gewöhnliche Schüler hat die Wahl zwischen drei Plänen, und diese wieder passen sich den Geboten der verschiedenen Universitys an: von denen eine die Kenntnis der klassischen, die andre nur moderne Sprachen vorschreibt; sie sind selbst in steter Evolution; im allgemeinen nähern sie sich immer mehr den Mustern der Johns Hopkins University in Baltimore und der Harvard in Boston (die man scherzweise »die deutsche« nennt). Ein Lehrer der High School ist eigens mit der Pflicht betraut, die wechselnden Weisungen der Universitys im Auge zu behalten.

Schüler der High School, die den Besuch der University nicht anstreben, gehen ihrem Geschmack nach: ein uniformierter Briefträger zum Beispiel, Fünfziger, Vater von acht Kindern, bildet sich für die Karriere des Postbeamten aus und beschränkt sich auf die ihm notwendigen Vorträge.

Ähnlich wie unser Hochschulstudent hat hier der Knabe seinem Ziel entgegen einen Bildungsgang durchzumachen. Kurse in den einzelnen Fächern zu belegen, seinen Tag auszunutzen. In gewissen Grenzen kann er sich seinen Lehrer wählen, mindestens wünschen. Zusammenfassende Prüfungen fehlen, auch das Abitur. Hat ein Junge, angehender Jurist, jene Stunden in Geographie absolviert, deren Lehrstoff seine University bei Rechtshörern voraussetzt, so bekommt er sein Diplom in Geographie und braucht sich um diese Disziplin fortan nicht zu scheren. Er kann also nicht in einer Klasse durchfallen; er muss nur einen Kurs wiederholen, dessen Gegenstand er etwa nicht bewältigt hat. — Erst das Doktor- (manchenorts Magister-) Examen zwingt den Studenten zur Vertiefung in das gesamte Wissensgebiet. In diesem Punkt also gewährt die amerikanische Schule ihren Zöglingen mehr Freiheit; dagegen fordert auch die University regelmäßigen Besuch der Kollegien, veranstaltet Kolloquien, stellt Hausaufgaben — gleich unserm Seminar.

Der Schulbetrieb ist durchtränkt von Lokalpatriotismus. Verehrung des Sternbanners, Flag Drill — damit beginnt der Tag. Der Geschichtsunterricht befasst sich vorwiegend mit Amerika — mit England nur, soweit dieses in die heimischen Vorgänge eingreift. Man treibt besondern Kultus mit Washington und den Helden seines Kreises. Lehrbücher, die das Vaterland nicht in den Himmel heben (»Geschichte der Revolution« beispielsweise des Columbia-Professors Tayne) werden aus den Schulbüchereien entfernt. Man erzieht die Schüler in nationalem Islam. Man hört deutsche Kinder zu ihren Eltern sagen: »Ihr seid Ausländer; wir Amerikaner.« — Jede Schule hat ihre Hymne, ihre Abzeichen, ihre besondere Art, unter Leibesübungen drei Cheers auszubringen. — Hier im Norden der Union duldet man die Neger in der weißen Schule; es hat sogar eine Schule die andre verprügelt, um die Beleidigung eines Negerkindes zu rächen.

Die technische und pädagogische Ausstattung des Gebäudes muss Neid erwecken. Großartige naturwissenschaftliche, kunsthistorische, völkerkundliche Sammlungen, Büchereien, Versuchsanstalten, sogar ein Wintergarten. Die Zimmer von Licht durchflutet, auch des Abends. Die Schultafel deckt die ganze Stirnmauer. Von einem Stockwerk zum andern Fahrstühle. Ein Saal mit sechzig Schreibmaschinen für Schüler, eigene Druckerei mit Stereotypieranstalt, Buchbinderei, alles von Schülern bedient. Ein Warenhaus für Schul- und Sportbedarf, wo man zum Gestehungspreis einkauft. Eine Sparbank, die Einlagen von fünf Dollar an verzinst. Die amerikanischen Schulkinder haben vierzehn Millionen Dollar auf Banken liegen.

Man hatte mich zu Freitag in die Clinton High School geladen, wo im Auditorium maximum die wöchentliche Versammlung tagt. Die Musik, ein vollständiges Schülerorchester, spielte. Ein Fachmann, Gast, sprach über Aufforstung, fand lebhaften Beifall. Eben tobte der Wahlkampf für eine Art Schülerbetriebsrat. Der Direktor, einzelne Lehrer traten als Redner auf und wurden beklatscht. — Die High School hat zahllose Vereine zur Pflege der Malerei, des Deutschen, des Briefwechsels mit deutschen Schülern, des Französischen; des Schwimmens, Ringens, Fußballs. Abteilungen und Klubs für Blinde, Lahme. (Jeder Blinde hat seine Typenmaschine für Blindenschrift.) Jeder Verein hat seine Wahlkampagne. Vitrinen im Flur bewahren die Sportpreise der Vereine auf: Pokale, Schilde. Den prächtigen Turnsaal umgürtet eine Galerie zum Training im Laufen. Ein Nationalfest (etwa Abraham Lincolns Geburtstag) wird durch sehr große Sportübungen gefeiert und sehr kleine Reden.

Vor mir liegt Nummer 21 der *Clinton News*, XII. Jahrgang, in der Druckerei der Schule sehr sauber hergestellt. Proben aus dem Inhalt der Schülerzeitung:

— Nach heftigem Wahlgang ist mit 2409 von 4600 abgegebenen Stimmen A. M. Max zum Schülerpräsidenten gekürt worden; für die andern Ehrenstellen wird Stichwahl nötig sein.

— Bild und Lebensbeschreibung des neuen (etwa siebzehnjährigen) Präsidenten.

— Verzeichnis der Redakteure des Blattes, alles Knaben; auch ein Kunstkritiker ist darunter.

— Besprechung des Vortrags von Roda Roda: »He spoke so clearly and distinctly, that even students in the first term of German followed him with ease, to their great enjoyment and profit.«

— Reklamenotiz: Der Dramatische Bund bereitet eine Aufführung vor.

— Die Kunstgesellschaft bittet um Spenden zur Ausschmückung der Schule.

— Humoristische Ecke *Lachgas*. (Meist unverständliche, interne Anspielungen.)

— Eine Fabel in Reimen; »Ihm träumte, sein Mädchen hätte sich von ihm abgewandt; beim nächsten Zusammentreffen ist er so traurig und langweilig, dass sie ihn wirklich stehen lässt. Moral: Wenn ihr ein Unglück kommen seht, kommt es wirklich.«

— Kritik des *Othello* im Kino: »Emil Jannings' Spiel muss selbst an das Herz des Blasiertesten rühren.«

— Sinnsprüche: »Wenn diese Welt wirklich die denkbar beste wäre, gäbe es keine Läden für Schönheitsmittel.«

— Sportnachrichten (füllen das halbe Blatt): Bericht über die Baseball-Saison; sie endete für die Anstalt mit 47 Siegen, 23 Niederlagen.

»Morgen, morgen ist endlich der Tag des Meetings im Haus. Seit Monaten hat das Komitee unablässig gearbeitet, um daraus das größte Ereignis zu machen, das Clinton je gesehen hat. Von 45 andern Schulen sind Zusagen eingelaufen, wir erwarten ihre hervorragendsten Sportsmen, Isiah Young, der berühmte Jüngling aus der East High School, will versuchen, seinen Hochsprungrekord aufrechtzuerhalten, mit dem er Charley Majors Rekord übertrumpft hat. Keliey wird für die St.-Benedikt-Schule laufen — und man weiß, wie stetig und verbissen die von St. Benedikt trainiert haben, bis sie die meiste Aussicht auf den Becher erlangten... Dies nur die wichtigsten von den Stars, die morgen erscheinen. Jungen, die sich von dem Fest ausschließen, sind in Gefahr, viel zu verlieren

— Bürgermeister George Hulbert hat an den Bürgermeister von Jersey City einen Brief gerichtet, worin er einen Baseballkampf zwischen zwei Schulen anregt; eine davon hält den First championship.«

— Bericht über das Gewicht des Schulchampions.

— Tod eines ehemaligen Schülers in Brasilien.

— Sitzungen des Radioklubs, des Lunchkomitees, Debattierklubs.

— Die Influenza.

— Die Literarische Gemeinschaft schreibt ein Theaterstück; Mitarbeiter gesucht.

— Ein Schuldetektivbureau soll gegründet werden.

— Ein Gedenktag der Schule steht zur Diskussion.

— Inserate, worin sich unter anderem ein Camp (Feldlager) für die Ferien empfiehlt.

— So weit die Wochenschrift der Clintonschule.

In Philadelphia stattete ich dem Girardetcollege Besuch ab (einem Waisenhaus, das jeglichem Geistlichen den Eintritt verbietet) — dann der Quäkerschule — endlich der Pennsylvania University, Zweitältesten Amerikas, begründet 1740 von Benjamin Franklin.

Bei den Quäkern lernte ich jenen Mann kennen, der das Quäkerhilfswerk in Europa geleitet hat, Mr. Alfred Scattergood — jetzt ist sein Bruder drüben tätig. Bezeichnender Name: Scattergood — »Streu Gutes aus«. — Ich in meiner europäischen Naivität hatte mir unter Quäkern altertümlich gekleidete Männer mit Spreißbärten vorgestellt; sie unterscheiden sich aber von andern Amerikanern nur durch ihr herzliches, bescheidenes Wesen. — Ihre Schule hat ganz und gar nichts Gedrücktes oder Scheinheiliges. Die Kinder sind so munter und entschlossen wie andre. Man erzählte mir den jüngsten Streich einer Mädchenklasse: Eine neue Lehrerin wünschte zunächst die Namen ihrer Schülerinnen kennenzulernen; sämtliche Mädchen gaben erfundene, komische Namen an und ließen sich wochenlang damit anreden; erst als die Zensuren festgestellt werden sollten, kam der Schwindel ans Licht.

Die Pennsylvania University übertrifft die Clinton High School natürlich in jedem Belang an Maßen, Mengen, Mitteln: 15 000 Hörer; 72 Gebäude; 110 Fraternitys, Studentenvereine, deren Korpshäuser mit der University ein Stadtviertel ausmachen. Der botanische Garten mit Warmhäusern 143 Acres, gleich sechzig Hektar; Sportarena mit 66 000 Sitzplätzen für Zuschauer; riesiges geheiztes Schwimmbassin, worin alles nackt badet; eigenes dreistöckiges Haus für Ratten zu biologischen und bakteriologischen Versuchen. Die University verbraucht täglich 125 Tonnen Kohle.

Jedes Korpshaus beherbergt und beköstigt dreißig bis fünfzig Studenten. Eines, die »Acacia«, habe ich aufgesucht: Musiksaal, Gesellschaftszimmer, Bibliothek; hier schlafen die jungen Herren gedrängt in einem Raum, Ober-und Unterbetten, um Kollegen, die vor Prüfungen stehen, die Einzelgelasse freizugeben. Die Freshmen (Füchse) sind aller Bequemlichkeiten teilhaftig, müssen aber den Senioren (Burschen) blind gehorchen; es läuft gar mancher rohe Ulk unter. Ein Neger hält das Haus in Ordnung, der Korpshund bewacht es; eine Negerin kocht,

— Es gibt auch eine Internationale Fraternity — von Fremden aus 44 Ländern. Man sieht ihre Flaggen im großen Klubhaus: die türkische darunter und die schwarzweißrote deutsche.

— Die Chinesen, mehr als fünfzig Mann, sind von den amerikanischen Kollegen gut gelitten; von den Japanern ebensotief verachtet.

— Studenten, die keiner Fraternity angehören, wohnen im Dormitorium, einem altertümlich burgartigen Gebäude. Das Zimmer — mit kaltem und warmem Wasser, Telephon — kostet hier sechzig Dollar jährlich. Es gibt auch Apartements für zwei bis drei junge Leute: Wohnstube, Schlafzellen, Baderaum.

Die University vereinigt ungefähr alles, was bei uns auf Fakultäten, technischen Hochschulen, Konservatorien, Akademien gelehrt wird; es gibt zum Beispiel Abteilungen für Offiziere, Bildhauer, Berg- und Forstleute, Landwirte, Tierärzte; gibt ein großes Hospital, auch ein Tierspital.

— Das Archäologische Institut enthält Schätze aus Ostasien, Indien, Persien (einen Fayence-Mihrab von seltener Pracht); die ägyptische Gruppe eine mächtige Sphinx von Syenit; es liegen hier mehr assyrische Inschriftziegel als im Britischen Museum; und die goldnen Beigaben der Inkagräber allein füllen eine Flucht; fast alles von Abgesandten der University in der Alten und Neuen Welt selbst ausgegraben.

— Ob man deutsche Sprache und Literatur pflegt? Zögernd wieder seit dem Krieg. Ein Dozent, der über deutsche Dialekte liest, hat nur einige Hörer, die sich für Jiddisch interessieren. — Stark, tonangebend ist die »Americanization«: »Werde wie wir.«

— Man zeigte mir das Haus für Zahnheilkunde, gestiftet von Thomas Evans. Mir stieg das Grauen auf, als ich soviel hundert Studenten an soviel hundert Leidenden hantieren sah; doch kein Laut, kein Seufzen klang in das Surren der elektrischen Bohrer. Im Erdgeschoss des Hauses steht die Kutsche, worin der Zahnarzt Evans 1871 Kaiserin Eugenie aus den Tuilerien entführt hat; in den Glasschränken rundum Plantagen von Orden: Herrn Evans von fürstlichen Patienten verliehen.

— Der Flur vor dem Rektorat zeigt eine Gedenktafel, wie sie nur in diesem Land der Demokratie möglich ist: Bild und gemeißelte Ehrung des Negers Albert Monroe Wilson, genannt Pomp, der über fünfzig Jahre Pedell der University war.

— Ich befragte Professoren, die Deutschland besucht hatten, um ihre Eindrücke; was ihnen bei uns am meisten aufgefallen wäre? Sie nannten zweierlei: die große Hörerzahl mancher Hochschullehrer (600 bis 800) — das Mensurwesen; es schien ihnen abscheulich, nicht einmal mit dem brutalsten Fußballkampf vergleichbar.

— Eben als ich dies Kapitel über amerikanische Schule abschließe, höre ich erzählen: Die Studentinnen des Newcomb College in New Orleans hatten bei der »Verstandesprüfung« schlecht abgeschnitten; ärgerten sich darüber und forderten ihre Professoren zu einer ähnlichen Prüfung heraus. 23 Professoren unterzogen sich dem grausamen Verfahren. Hier einiges aus ihren Antworten:

Zechinen sind eine Fischart; Brillantine ein Mittel, den Augen Glanz zu verleihen; Maraschino ein russischer Minister; Filet de Mignon eine Oper von Puccini.

Die amerikanischen Universitäten sind beileibe nicht, was die unsern sein sollten: Stätten, voraussetzungslose Wissenschaft zu finden und zu künden. Sie sind vielmehr (bis auf wenige Ausnahmen) von Großkapitalisten unterhaltene Privatschulen; unterstehen einem Bürgerkomitee, das den Lehrern jeglichen Ausflug nach antikapitalistischen Aussichtspunkten verleidet, ja, verbietet; die Lehrer im Zaum hält, gelegentlich sogar zu Attacken spornt.

Nach sträflich flüchtiger Kenntnis des Gegenstandes möchte ich behaupten: dass amerikanische Schüler und Lehrer im allgemeinen den Forderungen strengwissenschaftlicher Bildung in deutschem Ausmaß noch nicht genügen; dass aber viele Begabte, dank den reichen Mitteln der Anstalten, die deutsche Leistung zur Zeit überflügeln.

Vor kurzem noch war das amerikanische Doktordiplom in Europa nicht sehr angesehen; heute ist jeder bessere Amerikaner Ehrendoktor einer deutschen Universität; oder könnt' es täglich werden.

ARBEIT UND LOHN

Nur Streiflichter — zur Orientierung für Leute, die Lust haben, nach Amerika zu wandern — und andre, die daheim bleiben wollen;
Im allgemeinen unterschätzt man bei uns die Mühseligkeit des amerikanischen Lebens und überschätzt die Einkünfte. Man kommt in Europa mit viel geringern Mitteln zu Genuss und Fröhlichkeit als drüben. Seit dem Krieg ist in Amerika das Leben doppelt teuer worden; ich mochte den Dollar an Wert zwei Friedensmark hüben gleichsetzen. — Gewiss, die Dollarmillionäre sind keine Sagengestalten; doch sie sind dünn gesät. Wohlhabende — mit Jahreseinkommen von 20 000 Dollar an — sind schon selten genug. Der Bürgermeister von New York zum Beispiel bezieht 15 000 Dollar, alles in allem. Kein einziger Professor der Columbia University erhält mehr, die meisten nur halb so viel. 6500 Dollar beträgt auch das Jahrgehalt des höchsten Polizeibeamten von New York. Die Einkünfte der Richter schwanken zwischen 7500 und 15 000; nur der Vorsitzende des Staatsgerichtshofs erreicht die obere Grenze.

Der berühmteste Komiker, Karikaturist verdient 3000 Dollar monatlich. Eine gute Schauspielerin 200 bis 300 Dollar. Die Gesellschafterin einer sehr reichen Dame, durch Erziehung und Sprachkenntnisse besonders qualifiziert, bekommt freien Aufenthalt und 75 Dollar. Bonnen bis hundert Dollar, Gärtner vierzig Dollar und Wohnung. Ein Gymnasiallehrer 200 Dollar. Ebensoviel der Oberleutnant. Eine städtische Lehrerin bringt es nach dreißig Dienstjahren auf 240 Dollar; wenn sie aber einen Tag krank ist, wird ihr das Gehalt entsprechend gekürzt; und es gibt keine Altersversorgung — man hätte sich denn in einer Pensionskasse eingekauft.

Buchhalter beginnen mit zwanzig Dollar Wochengehalt und steigen nach zehn Jahren auf das Doppelte; der Bureauvorsteher eines Rechtsanwalts auf das Dreifache. Überhaupt sind Bureaukräfte am kärgsten entlohnt: von fünfzehn Dollar an. Und mit Ausnahme der leitenden Beamten sind alle (ebenso die Handarbeiter) ohne jede Kündigungsfrist eingestellt, auf »hire and fire«, »Heuern und Feuern«: »Häng' deinen Hut an den Rechen und schufte! Hier dein Lohn, und geh!« Dies Verhältnis ist gegenseitig; knapp vor den Bilanzarbeiten, am Morgen telephoniert die erste Korrespondentin dem Chef: »Ich komme von heut an nicht mehr; überweisen Sie mir mein Salär auf die und die Bank!« — Daher rechnen diese Genießer unsichern Brotes nie mit Jahreseinkommen; nur mit »soundso viel Dollar Wochenverdienst«.

Einige Beispiele von Arbeiterentlohnung:

Wöchentlich erhalten: 42 Dollar der Vorarbeiter einer Fabrikwerkstatt; fünfzig bis 75 der Vorarbeiter einer Autofabrik. 35 Dollar ein Schuhmacherlehrling; weil diese unreinliche Arbeit wenig beliebt ist — nur Italiener finden sich dazu bereit und können es auf 95 Dollar bringen; Frauen in dieser Sparte auf 23 Dollar. Man bietet Bäckern 25, Maschinisten 35, Heizern dreißig, Warenhausträgern 24, Kinooperateuren vierzig Dollar. Ein Restaurant sucht eine Frau für allgemeine Küchenarbeit (acht bis fünf Uhr, Sonntags frei): Zwölf Dollar und Verpflegung. Ein Klub zahlt dem Diener Vierzehn Dollar und freie Station.

Täglich: eine Krankenwärterin (mit Verpflichtung zum Nachtdienst) Fünf bis zwanzig Dollar; eine Aufwartefrau vier Dollar (hierzu zehn Cents Fahrgeld; sie bekommt außerdem die Mahlzeiten, hat auch die Wäsche zu besorgen und putzt die Fenster von innen); Kohlenlader sieben bis acht Dollar.

Für die Stunde bekommt ein Neger, der Teppiche klopft, Besteck und Fenster putzt, fünfzig Cents; er ist Universitätsstudent, arbeitet in vielen Häusern, ist um seines Fleißes und seiner guten Manieren willen sehr gesucht; Schwerarbeiter ohne besondere Fähigkeiten 42 bis sechzig Cents, ein Bauschlosser, Mechaniker 75 Cents, der Zimmermann, Schriftsetzer, Anstreicher, Steinmetz 112 Cents, der Maurer 125. Die Autofabriken zahlen (seit Juni) Roharbeitern fünfzig Cents, gelernten siebzig Cents.

Praktische Ärzte beanspruchen zwei bis fünf Dollar für eine Behandlung in der Sprechstunde, für den Besuch eines Kranken einen Dollar mehr. Europäer gelehrter Berufe — Ärzte, Lehrer, Anwälte — würden durch Auswanderung nach Amerika ihr Schicksal keineswegs verbessern. Sie haben drüben nichts zu hoffen. Ingenieure werden anfangs nur als Monteure unterkommen. Eben die akademisch Gebildeten geben das Kontingent unglücklicher Existenzen: sie treiben eine Weile willenlos und stranden... dann folgt Selbstmord, »die deutsche Tat«.

Die Arbeitszeit meist zehn Stunden, acht bis sechs Uhr. Die Arbeit ist eintönig: jahraus, jahrein der gleiche Handgriff. Man erzählt von einem Mechaniker, der bei Ford in Detroit vierzehn Jahre den Bolzen Nummer 351 einsetzt...

Die Unions sind viel radikaler als unsre Gewerkschaften. Sie haben durchgesetzt, dass kein Mann mit Arbeitsvertrag einwandern dürfe und überhaupt nur drei Prozent jährlich ins Land gelassen werden zu jeglichem Volksstamm, der in Amerika vertreten ist: alles, um die Löhne hoch zuhalten. Die Unions verbieten den Unternehmern, Lehrlinge einzustellen. Sie verlangen (im Baufach zum Beispiel, das am vollkommensten organisiert ist) 200 Dollar Eintrittsgeld und dulden keinen Außenseiter auf dem Gerüst. Nur die Gewerkschaft der Kohlenarbeiter bekommt ihre Abgaben unmittelbar von den Arbeitgebern.

Andrerseits sind die Eisenarbeiter zum Beispiel mangelhaft organisiert: in Chicago gehören im ganzen zwanzig Prozent der Maschinisten, zwei Prozent aller Beschäftigten der Union an. Nur kleine Betriebe mit acht bis zehn Arbeitern sind von der Union kontrolliert. Große Betriebe sind »open shops« (denen die Zugehörigkeit der Arbeiter zur Union gleichgültig ist) oder »closed non Union shops«, die schwarze Listen führen, Organisierte ausschließen. — Eine eigene »Farmer- und Arbeiterpartei« ist erst im Entstehen. Samuel Gompers, Arbeiterführer von alters, Präsident der American Federation of Labor, paktiert bald mit den Demokraten, bald mit den Republikanern und schiebt in den Wahlen seine Stimmen jener Partei zu, die ihm die größten Vorteile für die Arbeiter verspricht.

Henry Ford (der nach dem Amt des Präsidenten strebt) zahlt seine Leute außergewöhnlich gut; nimmt Menschen, die aus dem Zuchthaus kommen, mit fünf Dollar Taglohn in Dienste; nach einem Monat sechs Dollar Lohn oder Entlassung.

Detroit, das so hoch nördlich liegt, hat einen harten Winter: Fords Schneeschaufler sogar sind nach dem Taylorsystem geschult, um mit möglichst wenig Mühe möglichst große Schneemassen zu bewältigen. — Bei Ford läuft ein endloses Band durch die Fabrik; der erste Arbeiter legt die Hinterachse des Autos auf, der zweite die Vorderachse — der dritte schiebt das rechte Rad an, der vierte das linke, der fünfte setzt die Schraubenmutter auf, der sechste zieht sie fest — und so weiter, und so weiter;... bis der fertige Wagen vom Band abläuft. Kein Mann kann auch nur eine Sekunde feiern. Selbst die Arbeit mit glühenden Metallen geht am endlosen Band. Die meisten Arbeiter sind Neger. Im Krieg, als es galt, 6000 Wagen täglich zusammenzustellen, setzte eines Tages der Fabrikherr eine Prämie aus für besonders emsiges Schaffen und ließ das Band etwas rascher laufen... Am Abend sprach er: »So, nun seh' ich erst, was ihr könnt.« Und fortan lief das Band rascher — ohne Prämie.

Krankenkasse: keine. Invalidenrente: keine. Allerdings ist für unentgeltliche Pflege in Hospitälern und Altersheimen durch private Stiftungen reichlich gesorgt.

Als einer der Staaten in seinem Gebiet die Beschäftigung Minderjähriger regeln wollte, hob das Bundesgericht in Washington die Bestimmungen als verfassungswidrig auf.

Schon diese Andeutungen können eine Vorstellung geben von der Grausamkeit des Daseinskampfes in Amerika. Eine Zahlangabe wird unsre Vorstellung noch schärfen:

Im Jahr 1922 sind in den Vereinigten Staaten 634 000 Menschen auf gewaltsame Weise ums Leben gekommen — durch Unfall, Verbrechen, Selbstmord: 5870 auf die Einwohnermillion. Im Deutschland des Friedens betrug die Ziffer auf die Einwohnermillion 375, in Württemberg 223. In Amerika rechnet der Unternehmer eben nur das Exempel durch: »Was kommt mir teurer zu stehen: die Vorrichtungen zur Verhütung von Unfällen oder die Unfallsrente?«

Das ist die Sozialpolitik des Yankees.

DER MITTELSTAND

Zählen wir zum Mittelstand Leute mit einem Monateinkommen von 300 bis 600 Dollar: ältere Gymnasiallehrer, Bezirkskommissäre, den Hauptmann, Major des Heeres — und ihre Ranggenossen in den freien Berufen; dann etwa Kaufleute, die einen hübschen Laden an der Nebenstraße innehaben.

Ein Viertel des Gehaltes geht für die Wohnung auf. In Baltimore kosten vier Zimmerchen ohne Möbel, mit kleiner Küche und Baderaum 75 Dollar den Monat — im vierten bis fünfzehnten Stockwerk eines Apartmenthauses. Tiefer unten ist es wohlfeiler um fünf bis zehn Dollar: weil niemand Staub und Lärm liebt. In New York, wo die Grundpreise so hoch sind, schränkt man sich ein; und mietet weit im Norden, an der 140. Straße, für sechzig Dollar eine Dreizimmerwohnung: Wohn-, Schlafraum und Küche — so klein, dass neben dem Küchenherd, neben dem Bett des Schlafgelasses gerade nur eine Person Platz zum Stehen findet. Die gleiche Wohnung an der 72. Straße, näher dem Zentrum, kostet mindestens schon das Doppelte. Kärglich möblierte Zimmer 75 Prozent mehr. Kündigungsfristen gibt es nicht; du hast die Miete für einen Monat voraus bezahlt — am letzten gehst du wortlos, oder der Hausbesitzer setzt dich hinaus: dann kannst du bei Gericht einen Aufschub verlangen, bis du eine gleichartige Unterkunft in passender Gegend gefunden hast.

Was solch ein amerikanisches Heim bietet: Fahrstuhl, elektrisch Licht, Fernsprecher selbstverständlich, Staubsauger, Zentralheizung; kalt und heißes Wasser (New York hat allerbestes Wasser, gesündeste Seeluft, 300 Sonnentage im Jahr — nur auf dieser meerumspülten Halbinsel durfte man so hoch und eng bauen). Eine Eismaschine im Keller hält die Speiseschränke des Hauses kalt. Auf dem Dach eine Antenne: du brauchst deinen Empfänger nur anzuschalten (Wellenlänge 600 bis 1600 m), um Konzerte zu hören, die Oper oder Reden, Sprachstunden, Vorlesungen — ganz nach deiner Wahl und dem Tagesprogramm der Zeitung. Man kann die Heizung nach Thermometergraden regeln; in Chicago gibt es ein Bureaugebäude (Swift & Co.), das im ärgsten Winter wie im Hochsommer gleichmäßig auf 70° Fahrenheit gestellt ist: im polar-tropischen Chicago. In neuen Häusern gibt es einen Incenderator, durch eine Klappe vom Schornstein getrennt, darein wirfst du den Müll der Wirtschaft — Knochen, Konservenbüchsen, Speisereste, Scherben — und lässt alle mit einem Mal in Rauch aufgehen.

Seele solch eines Apartmenthauses ist der Pförtner, Janitor: er schürt die Kessel (und wie! Amerika ist immer überheizt) — er kehrt bei Nacht die Treppe, schmiert den Fahrstuhl; seine Gehilfen putzen Dielen und Teppiche der sechzig Parteien, reinigen die Fenster. Ein Chinese holt die Wäsche.

Nahrungsmittel kommen auf Anruf aus dem Laden — Milch, Fleisch, Brot. Das Gemüse und Puddings halbfertig in Büchsen und müssen nur gewärmt werden. Auf dem elektrischen Rost, in fünf Minuten, bereitet die Dame (und zieht Gummihandschuhe dazu an): Tee, Kaffee, Eier, Toaste, kleine Kuchen, Speck (den man papierdünn geschnitten kauft). Mit Kohlen hat die amerikanische Hausfrau nie zu schaffen; höchstens mit Gasherd und Kochkiste. Auf dem Herd wacht ein elektrischer Regulator, der die Flamme löscht, wenn ein vorbestimmter Hitzegrad erreicht ist.

Meist aber hat die Hausfrau übergenug Pflichten um die Kinder, und der Herr Gemahl bereitet das erste Frühstück; es ist sehr substantiell; beginnt mit Apfelsinen oder Grape fruits und führt auf dem Umweg über Haferflocken oder Grütze, Schinken zum Milchkaffee.

Das zweite Frühstück, um zwölf, bekommen die Kinder im Lunch room der Schule. Mister Brown schlingt stehend im Restaurant ein Fleischgericht und einen Schluck Eiswasser; braucht nicht weit zu gehen: im Erdgeschoss des Bureauhauses selbst gibt es todsicher ein Restaurant...

Und Missis Brown? Hat Kinderhöschen gewaschen und geplättet, die Betten geordnet; schoffiert in die Stadt, holt zwei Freundinnen ab und nimmt mit ihnen ein Brötchen und Eiscream. Der Wagen wartet unterdessen irgendwo in der Nebengasse, wohin man ihn nach langem Suchen in die dichte Kolonne von tausend andern seinesgleichen schieben konnte, mit gesperrtem Getriebe, doch sonst unbewacht; Decken, Schirme, Taschen blieben unbewacht darin liegen.

Missis Brown schoffiert natürlich selbst. Lässt nach vollstreckter Fahrt den Wagen in der Garage zurück, wo man ihn (für einige Dollar monatlich) auch reinigt und im Abonnement mit Gasoline, Öl und Wasser auffüllt.

Missis Brown eilt heim. Sie hat heut noch viel zu tun: Bier zu brauen oder Wein zu keltern. — Fast jede amerikanische Familie bereitet im Land der Prohibition »home brew«, einen trüben Alkohol.

Um fünf Uhr versammelt sich die Familie zum Dinner, einer Mahlzeit, die wiederum in etlichen Minuten auf dem elektrischen Rost gezaubert ist.

Und die Dienstmädchen?

Oh, Dienstmädchen kommen im Haushalt des amerikanischen Mittelstandes nicht vor. Vielleicht hilft eine Aufwärterin drei, vier Stunden täglich aus. Erst Familien mit einem — nach unsern Begriffen — sehr hohen Jahreseinkommen halten Mädchen.

Die Mädchen schlafen auswärts — bei ihren Eltern oder in Mietstuben. Sie sollen um acht Uhr morgens da sein; erscheinen anderthalb Stunden zu spät zur Arbeit und mal auch gar nicht. Werden sie über sieben Uhr abends beschäftigt, verlangen sie Überstundenlohn. Erhalten die Verpflegung und sieben bis zehn Dollar wöchentlich, Köchinnen bis zu fünfzehn Dollar und darüber. Meist sind sie Schwarze; ehrlich, willig, doch zu kindischen Streichen aufgelegt, verlogen wie Kinder. Ihre Pickerninnies (Kleinen) bringen sie gleich mit. Grobe Werke verweigern sie; dazu gehört schon das Stiefelputzen. Sie ziehen nicht einmal der Hausfrau die Gummischuhe ab: »weil eine Dame der andern nicht so niedrige Dienste leistet«. — Das Stiefelputzen besorgen Neger oder Italiener für zehn Cents im Hausflur oder in eignen Läden.

Deutsche Mädchen sind sehr beliebt. Als einst in New York das Gerücht entstand, es wären dreißig Mädchen gelandet, konnte sich die Einwanderungsbehörde auf Ellis Island der Anfragen nicht erwehren, musste durch Aufrufe in den Zeitungen um Schonung bitten. — Manche Damen haben sich von ihrem Sommerausflug nach Deutschland Mädchen mitgebracht. Die Überfahrt kostet mit Passvisum und Kopfsteuer rund 150 Dollar. Diesen Betrag sollten die

Mädchen abdienen, indem man ihren Monatlohn solange von dreißig Dollar auf zwanzig kürzte. Mit einigem Recht: sie konnten doch nicht englisch, folglich auch Besuchern nicht Bescheid sagen, nicht das Telephon bedienen (sehr wichtig im amerikanischen Leben) und nicht kochen auf hiesige Art. Etliche Zeit ließen sich die Mädchen den Lohnabzug gefallen. Eines Tages packten sie ihre Koffer und zogen — in andre Häuser: sie hatten von Kolleginnen erfahren, wo man höhern Lohn ohne Abzug kriegt. Hatten erfahren, dass es hierzulande keine Kündigungsfrist gibt. Dass jeder auf sich selbst gestellt ist und — im Fall einer Erkrankung zum Beispiel — vom Fleck entlassen wird, ohne jeglichen Anspruch: er mag sehen, wo er bleibe — ob er auf der Straße umkomme oder im Krankenbett des Lazaretts.

Hat der Amerikaner aber lang genug geschafft, gerafft, dann erwirbt er ein Einfamilienhaus am Rand der Großstadt. Sie stehen in endlosen Fronten da, die Einfamilienhäuser — eng aneinander, zwanzig und dreißig, ganz gleich, haargenau gleich. Oder in vornehmen Abständen, auf grünem Plan: dann ist weit und breit kein Zaun, alles Gelände scheint ein Park zu sein, worin imaginär wie Meridiane die Grenzen der Besitzer laufen.

Nun schläft das Dienstmädchen schon im Haus. Nun kommt zwei-, dreimal die Woche ein Neger, der Schlacken und Asche aus dem Heizkessel holt. Doch Winters den Schnee wegschaufeln, Kohlen nach dem Keller tragen und die Heizung »fixen«: das ist Sache des Hausherrn. — Allerdings gibt es eine neue Erfindung, die das Kohlentragen und Fixen spart: die Ölfeuerung. Ich sah sie in der Villa eines reichen Arztes zu Milwaukee. Da war unter dem Rasen des Parks ein Behälter eingebaut, nur eine Rohrmündung von außen sichtbar. Einmal im Monat wird der Behälter nachgefüllt; eine Pumpe schafft selbsttätig das Öl nach dem Keller und zerstäubt es dort in den Heizkessel.

Das amerikanische Leben ist mühselig, arbeitsreich für Mann und Frau. Ist bar der stillen Freuden und — (sprechen wir das philiströse Wort aus:) der Gemütlichkeit. Das Leben der Familie spielt sich in engsten Räumen ab, zwischen einer Mindestzahl von Möbeln, die der Gatte am Hochzeitstag im Laden kaufte. (Jawohl, der Gatte; die Amerikanerin bringt nichts in die Ehe mit als eine sparsame Wäscheausstattung; auch keine Mitgift.) Die Möbel, in der Fabrik hergestellt, in New York genau wie in San Francisco, bestehen aus einem breiten französischen Bett (für Mann und Frau), und das Bett verschwindet beim Tage senkrecht im Wandschrank; einem Tisch, den man nach dem Essen zusammenklappt und wegstellt. Dazu ein paar Stühle, ein winziges Kanapee, etwa noch ein Ziergestell und etliche schlechtgedruckte Bilder. Kleider-, Wäscheschränke — was braucht man ihrer viel? Man kauft sich neue Sachen zur Saison... Kleider-, Wäscheschränke also, Waschtische sind in die Mauern eingebaut. Man haust wie auf Reisen, in der Schiffskajüte.

Der Junggeselle? In New York kostet das eingerichtete Zimmerchen mit Badebenutzung an der 79. Straße monatlich hundert Dollar. Junge Ehepaare ziehen das Residencehotel vor; und essen im Gasthaus. Es gibt unzählige Gasthäuser, zehnmal mehr als bei uns; gibt solche, die wie die Aschingers in Berlin, uniform an jeder Straßenecke stehen, mit gleichen Preisen, Speisen, Einrichtungen: Childs, St. Regis — mit Menüs von 45 Cents bis zu ein Dollar.

Die Amerikaner gehen alle gleich gekleidet; wenn Bartlosigkeit modern ist, weicht niemand von dem Brauch ab. Hüte, Mäntel, Anzüge sind von einigen riesigen Fabriken dekretiert als »Style 1923«, und kein einziger Bewohner des Landes widersetzt sich dem Gebot. Wer nach dem 15. September einen Strohhut trägt, mag sich vorsehen: man schlägt ihm den Strohhut vom Kopf. Die Damen behalten den Sommer über gewiss jenen Toilettenschnitt, jene herrschende Farbe, die sie auf der Glad Rags (»Lumpen«-) Parade vor der Sankt-Patricks-Kathedrale Ostersonntags — alle gleich — gezeigt haben: in diesem Jahr das Bunteste vom Bunten; Pelzbesätze von Hermelin mit schwarzem Affenfell, rot und grüne Schühchen... Blume des Jahres: die Lilie; mannshohe Lilien aus Bermuda.

Sie wohnen alle gleich, zwischen phantasielos in Massen erzeugten Möbeln. Und sehen dabei so frisch aus, beneidenswert gesund, arbeitsfroh und jung: junge Menschen auf dem jungen Kontinent.

BALTIMORE

Die Provinzstädte der Union gleichen einander aufs Haar: In den Vororten kleine nüchterne Backsteinbauten mit flachen Dächern — eine Freitreppe von fünf, sechs Stufen führt zum Erdgeschoss empor; schlechtes Pflaster. Im Stadtinnern Asphalt, Wolkenkratzer — dazwischen Reste einer eben erst verwichenen, weniger glänzenden Vergangenheit. Die Wolkenkratzer bestehen aus einem Skelett von Stahl, das ist mit Beton ausgekleidet: sie fürchten kein Feuer. Ältere Gebäude haben eiserne Leitern vor der Stirnmauer. Denn in Amerika brennt es immerzu; beinah wie in der Türkei. In Baltimore zum Beispiel wurden eines Sonntags im Februar 1904 achtzig Häuserblocks zu Asche, — Daher auch die famose Feuerwehr in den Vereinigten Staaten: auf das erste Signal stürzt sich die Mannschaft über Rutschbahnen in die Autos und jagt mit Läuten und Johlen nach dem Flammenherd.

Von Stadt zu Stadt rast, rasselt die Eisenbahn: hier im Osten, wo sich Ströme in den Ozean ergießen, auf vier Gleisen über breite Brücken; anderswo schnurgrad, tagelang durch wasserlose Prärie (in Reading sogar mitten durch die Stadt). Zwischen Boston und Washington wechseln täglich 96 Expresszüge. Von New York fliegt der Twentieth Century, »Zug des zwanzigsten Jahrhunderts«, der »schnellste der Welt« — über 1600 Kilometer in zwanzig Stunden. — Unterwegs hie und da winzige Farmhäuser von Wellblech — uferlose Wege — Städtchen, doch kein Dorf; wenig Wild und schüttere, ungepflegte Wälder, mehr Reklametafeln als Natur; auch Reklamen für ganze Städte: »Willkommen in Pottsville.« — In den Pullmancars, auf grünen Samtsesseln strecken sich die vornehmen Fahrgäste — auf den Polsterbänken der übrigen Wagen hockt allerhand Volk; hat die Hüte auf, den Fahrschein im Hutband und liest Zeitung. Der Schaffner nimmt sich selbst den Fahrschein, ohne den mürrischen Passagier zu stören. — Die Schlafwagen haben keine Zwischenwände: alles

— Damen und Herren — schläft in einem Raum, durch Vorhänge getrennt; die Betten breit und bequem, in die Längsrichtung gestellt; ein Neger bereitet die Lager; immer ein Neger.

Baltimore ist hügelig wie Wien, eine der größten Hafen- und Industriestädte, mit einer dreiviertel Million Einwohnern. Jeder sechste ein Neger. Hier im Norden aber sind die Neger nicht so verhasst und abgeschlossen wie etwa in Alabama; sie dürfen in der Straßenbahn mit Weißen fahren. — 40 000 bis 60 000 Deutsche; die Deutsche Gesellschaft besteht seit 1788 — nach der von Philadelphia wohl die älteste; vor dem Krieg gab es zwei deutsche Tagesblätter; jetzt ein Blättchen, zweimal wöchentlich. — 1793 flüchteten zahlreiche Franzosen hierher — aus Haiti, wo ein Negeraufstand wütete; sie sind fast ausgestorben — wie die Franzosen fast überall in der Union; an ihrer Stelle in der Altstadt wohnen Iren.

Baltimore wird viel genannt: von den Feinschmeckern als Stadt der besten Austern; von Patrioten als »Monumental City«. Sie hat nämlich ein großes, das erste Denkmal Washingtons. Ihm gegenüber ein leerer Sockel: da wollte man La Fayette verewigen; doch die Begeisterung für Frankreich, »die Frogs«, Frösche, ist seit dem Krieg verflogen — niemand bemüht sich mehr um die Ausführung des Bronze-La-Fayette. Ansonsten ist noch das »Denkmal der Nationalhymne« bemerkenswert (hier wie vor Washington weht immer auf hohem Mast das Sternenbanner) — dann ein alter Schrotturm von Backsteinen — und dicht dabei an der Zionskirche das hübscheste Gebilde, das ich je auf öffentlichem Platz gesehen habe; eine ungeheure Vase mit Grün, im Sommer mit Blumen gefüllt; leider nur ein vergänglich Ding, Attrappe für ein Fest. — Von Kriegsdenkmälern ist die Union fürs erste noch ziemlich verschont geblieben; man hat nur hie und da Schiffsgeschütze und Minen als Trophäen aufgepflanzt.

Die Zionskirche, 1755 gegründet, lutherisch, doch von beiden Synoden unabhängig, ist die Burg eines Mannes, der weithin in Amerika berühmt ist: des Pastors Julius Hofmann. Er steht der einzigen deutschen Kirchengemeinde von Baltimore vor, ein deutscher Mann. Als wär' er vom jüngern Holbein entworfen: so kantig seine Züge. Maler, Cantor Domini und Schöngeist; der lässt sich durch kein Geschrei von seinem Weg irren; der ist fest und treu; geehrt von allen Guten, Yankees und Deutschen, Gelben und Grünen, Christen und Juden.

Und ein Zweiter lebt in Baltimore: Henry Louis Mencken, ein Vierziger, Junggeselle, seinem Äußern nach ein zarterer Ludwig Thoma — Bauerngesicht mit kecker Stumpfnase — übrigens mit Bismarcks irgendwie verschwägert. (Bismarcks Mutter war eine Menkken.) Man muss das Objektiv auf das Dreigestirn Heinrich Heine — George Bernard Shaw — Alfred Kerr richten, wenn man Mencken ins Fadenkreuz bekommen will. Am nächsten bei Shaw wird man ihn finden. Ein Vergleich mit Gotthold Ephraim Lessing ist vielleicht noch treffender, wenn man an den furchtlosen Kritiker Lessing denkt. — Ehedem hat er in der *New York Sun* als »Free lance« — »Freie Lanze« geschrieben — frechste, geistreichste Kritik, vor der Staatspräsident, Schuhputzer und Operettendichter zitterten — dann gab er mit George Jean Nathan die Zeitschrift *Smart Set* heraus und wagte darin und in andern Blättern, was sich keiner sonst in angelsächsischer Welt erlaubt; sogar die Unabhängigkeitserklärung, das Evangelium des Landes, hat er travestiert. Sein Stil echt amerikanisch, jeder Satz ein Meisterwerk der Sprachkunst — versichern mir Leute, die mir zu urteilen berechtigt scheinen.

Percival Pollard, der im Hospital zu Baltimore starb und verbrannt wurde, war Menckens Freund; Mencken hat Pollards deutsche Bibliothek geerbt. Er kennt Deutschland von Allenstein bis Basel, war auch im Krieg, ehe Amerika eingriff, Gast bei Hindenburg. — Er gab Schriften von Nietzsche heraus — dichtete Dramen und Verse — ein Buch *In Defense of Women* ist ins Deutsche übersetzt. Mit George Jean Nathan schrieb er eine Komödie *Heliogabalus*; sie ist witziger als alle Stücke der letzten Jahre miteinander, ist voll von kaustischen Humoren — ich weise die Bühnenleiter eindringlich darauf hin. In Amerika und England freilich konnte man ein Werk nicht aufführen, worin der Soldatenkaiser Heliogabal, fröhlicher Landsknecht, mit einer Urchristin, Gesundbeterin, zusammenstößt — ihr eine Weile unterliegt, um Frömmigkeit und Unschuld alsbald gründlich satt zu kriegen.

Es ist nötig, dass wir in Deutschland auf das eingehendste wissen um diesen seltenen, gerechten, streitbaren Mann.

WASHINGTON

Im nordöstlichsten Zipfel des Staates Virginia ist eine Stelle, wo sich der Potomac-Strom schon mächtig zu verbreitern beginnt; er wird bald in die Chesapeake Bay münden, einen Sack des Atlantischen Ozeans. Die Mitte des Stroms ist Grenze zwischen Virginia und Maryland. Liebliche Hügel. Geographische Breite von Syrakus — Zypressen, Ilex, Zedern, Rhododendren.

Der Ort hieß Hunting Creek, Jagdbucht, als 1743 Lawrence Washington hier haltmachte, ein englischer Edelmann. Er führte im Wappen auf Silber drei rote Sterne und zwei rote Balken. Hatte unter Admiral Vernon gegen Spanien gefochten. Machte hier halt, brannte Ziegel, fällte Bäume, ließ sie zu Pfosten und Brettern sägen und baute sich ein Schlösschen — in den puritanischen Linien des Kolonialstils, einem vorgeahnten Empire. Dem alten Admiral zu Ehren nannte er es Mount Vernon. Ein hübsches Schlösschen, außen holzgetäfelt, mit einem niedlichen kleinen Turm auf dem Dach — innen altväterlich einfach und doch so weiträumig, behaglich, wohlhabend, dass man meint, bei Goethe am Frankfurter Hirschgraben zu weilen. Doch hier dehnen sich rings weite Rasenflächen zum Park, hier unten zieht der Strom vorbei in mächtigem Bogen; frei schweift rundum und tief nach Maryland der Blick.

Lawrence vererbte Schlösschen, Gut und Wirtschaftsgebäude an seine Tochter. Als auch sie gestorben war, erhielt Lawrences Halbbruder George Washington den Besitz und zog 1759 ein, mit seiner jungen Frau Martha. Mount Vernon hatte wieder einen liebevollen Herrn. Man muss nur das Stuartsche Porträt betrachten (in Boston), das auf den Dollarnoten wiederkehrt: wie adlig-fein, wie ruhig-träumerisch dieser Mister Washington dreinsah, und hatte fast frauenhaft weiche Züge. Er baute Seitenflügel an das Schlösschen, pflegte den Park... 1776 Unabhängigkeitserklärung der Vereinigten Staaten. George Washington hat die träumerischen Augen längst geöffnet. Er steht inmitten des politischen Lebens, wird Diktator, Feldherr über 2000, endlich 6000 Mann. 1777 eilen Marquis de Lafayette, Tadeusz Koszcziusko, Friedrich Wilhelm von Steuben herbei.

Jahre schweren, wechselvollen Kampfes. Holland und Spanien treten mit in den Krieg, ein Hilfskorps aus Frankreich. Im Frieden von Versailles, 1783, ringen die amerikanischen Unterhändler, Benjamin Franklin und John Adams, der englischen Krone die Freiheit ab. 1789 wird George Washington Präsident. Der junge Staatenbund will eine Hauptstadt gründen. Washington, »gelernter« Feldmesser, wählt ein Gelände inmitten der damaligen Republik, nahe der Seeküste, gleich weit von den Nord- und Südgrenzen der Union, am Potomac. Maryland stiftet ein Geviert von zwei deutschen Meilen. Daraus wird der Columbia-Distrikt, dessen Einwohner gleichsam reichsunmittelbar sein, kein Wahlrecht zum Kongress haben sollen. Hier wird Federal City erstehen — nur zwei deutsche Meilen weg vom Landgut des Präsidenten.

1793, zum zweitenmal gewählt, legt Washington den Grundstein zum Kapitol des Staatenbundes. Seine freien Stunden verbringt der Präsident auf Mount Vernon, geehrt von aller Welt: deutsche Kämpfer schicken ihm ein goldtauschiertes Schwert; Lafayette den Schlüssel der Bastille.

George Washington starb 1799 auf Mount Vernon, und im Park in einer von ihm selbst entworfenen Kapelle liegt er begraben. Frau Martha siedelte über in die Dachkammer des Schlösschens — von da sah sie noch drei Jahre nieder auf ihres Mannes Grab; und siedelte nochmals über: zu ihm, für immer.

1852 kaufte eine Gesellschaft von Damen Schloss und Garten Mount Vernon und machte es zum Nationalheiligtum. Wer es betritt, entblößt das Haupt. Die Dampfer auf dem Potomac grüßen mit Flagge, Schiffsglocke und Sirene. Das Sternenbanner weht vor dem Schloss auf hohem Mast. Da ragen im Park noch dickgroße Buxbäume, die Washington selbst gepflanzt hat; und die besten Gärtner bemühen sich mit Asphalt und Pech, die morschen Riesen bei Leben zu erhalten. Da steht die alte Gutskanzlei, die Waschküche, da steht Küfers, Zimmermanns Häuschen wie eh und je, die Spinnerei mit allem Gerät wie damals, die Küche mit Bratenspieß, Kesseln und Schürhaken; im Schuppen die alte Reisekutsche, — um das

Anwesen vor Feuersgefahr zu schützen, richtete man jüngst elektrische Beleuchtung ein. Der berühmte Erfinder Thomas Alva Edison selbst zeichnete die Pläne; und legte die Maschinen so geschickt, so pietätvoll tief unter den Parkboden, dass nur ein paar kleine Ventilatoren, im Gras kaum zu entdecken, die Stelle verraten, doch kein Schornstein die Landschaft stört. — In der Grabkapelle allerdings hat sich seit Washingtons Beerdigung mancherlei geändert; da prangen Kränze von Marschall Joseph Joffre, vom belgischen König, von der britischen Mission…

Federal City, die Bundeshauptstadt, sollte ihren Namen nicht lange behalten; man taufte sie nach ihrem Gründer Washington. Im Jahr 1810 hatte die Stadt 8200 Einwohner. 1812 bis 1814, in den Tagen von Waterloo, führte Amerika Krieg gegen England; ein englischer General drang nach Washington und verbrannte das Kapitol [*und das Weiße Haus*]. — Heute zählt Washington über 400 000 Bewohner, fast ein Drittel davon ist farbig. Es gibt hier eine eigene medizinische Negeruniversität (wie denn überhaupt der Krieg die Schwarzen um ein gut Stück vorgerückt hat in der Gesellschaftsstellung — Negeroffiziere führen Negerkompagnien).

Washington ist der Salon Amerikas — »der Parlor«, würde man es hier nennen. Auf Wirkung, Glanz, Repräsentation gestellt.

Man trifft auf einem pomphaften Bahnhof ein; kolossale, schöne, reine Halle — Stahl, Granit und Glas — angeblich der größte Raum der Erde unter einem Gewölbe — 50 000 Menschen könnten hier stehen. Diese Halle ist — man denke nur — geheizt. Gleich vor dem Tor ein Kolumbus-Denkmal, blendender Marmor. Er kommt aus den benachbarten Staaten, dieser fast blütenweiße Marmor, viel feiner gekörnt als jener von Carrara.

Die Straßen Washingtons laufen genau von Osten nach Westen und von Süd nach Nord, nummeriert, schnurgrade — treffen einander also in rechten Winkeln. Doch überdies strahlen vom Kapitol und andern Monumenten sternförmig Avenuen aus — ihrer zwölf vom Kapitol allein, sämtlich nach den Staaten der Union benannt. So entstehen zahllose Schnittpunkte, Plätze. Hauptverkehrsader ist die Pennsylvania Avenue; sie ist gemeint, wenn in Washington von der Avenue schlechthin [*und dem Weißen Haus*] die Rede ist.

Das Kapitol… Es wuchtet dir vor dem Bahnhof schon entgegen,

und du bist an die gewaltigsten Steinwerke der alten Welt erinnert: die Alhambra, Hagia Sofia, Sankt Peter zu Rom, den Wawel zu Krakau, die Burg in Wien, das bulgarische Rilakloster, Neuschwanstein. Oh, gegen Einzelheiten amerikanischer Baukunst mag der geschmackvolle Architekt gar manches einzuwenden haben — der Gesamteindruck von Washington wird ihn dennoch erfreuen und bezaubern.

Das Kapitol — Mitteltrakt von Sandstein, schneeweiß angestrichen — Flügel von Marmor, Kuppel von Eisen — schneeweiß: wie Papstes dreifache Tiara krönt die Kuppel die Stadt — silbern bei Tage — bei Nacht mit purem Gold übergossen aus unsichtbaren Lichtquellen.

Wenn du aber das Innere des Kapitols betreten willst, die mächtige Freitreppe hinangestiegen bist und hast den Portikus von Monolithen durchschritten — da stehst du still vor einem Bronzetor; reichste Renaissance; der alte Herr Ferdinand von Miller in München hat es 1860 gegossen. Der immense Kuppelbau nimmt dich auf; rings Gemälde, Historien; darüber ein Fries, dessen Herstellung ein italienischer Maler mit dem Leben bezahlte, durch Sturz vom Gerüst. Hier, im Angesicht der Riesenbüste Lincolns, wird alle vier Jahre der neue Präsident eingesetzt, hier leistet er seinen Eid auf die Verfassung.

Nebenan die Statuary Hall; jeder Staat der Union durfte da zwei Bildwerke aufstellen — eine Siegesallee unter Dach. Man sieht in Stein den deutschen Freiheitskämpfer Peter Mühlenberg; Robert Fulton, der das erste Dampfschiff baute; Frau Frances Willard, eifrigste Predigerin der Temperenz; den Senator George Shoup von Idaho, wohl den dicksten Mann, dem je ein Denkmal gesetzt ward.

Eben tagte der Kongress — die Fasces von Ebenholz, mit Silber gebunden, lagen auf dem Tisch des Sprechers, und ein Erwählter des Volkes redete vor leeren Bänken. Ich habe viel Parlamente besucht — in dreizehn Ländern: so leer fand ich keines. Es muss ein langweiliges Geschäft sein, das Regieren.

Nur einen Büchsenschuss vom Kapitol steht inmitten eines Parks das Weiße Haus, Amtswohnung des Präsidenten. Ein militärischer Posten nirgends. Oder habe ich ihn nur übersehen? Auch dieser Palast — wie alle — klassizistisch, und darauf flattert, wie überall hier, im Sturm das Sternenbanner. Man darf einige Säle des Gebäudes besichtigen; ich armer Europäer wollte den Herrn Präsidenten nicht stören in seiner amerikanischen Abgeschlossenheit.

Und nun die prächtigste Architektur der Bundeshauptstadt: die Kongressbibliothek. Italienische Renaissance, entworfen von zwei Deutschen, Paul Pelz, einem Schlesier — und Johann Stockmeyer aus Wien, der elend und arm starb. Schwer, den Luxus der Hauptrotunde zu beschreiben: kostbarer Mosaikboden von Marmor und Metall; ein luftiges Gerüst von lilienweißem Marmor; dahinter die Mauern, pompejanisch rot; in die Mauern eingelassen aber eine Überfülle von farbigen Allegorien. Symbolen, Mosaiken, Nischen, Skulpturen. Wiederum im einzelnen wenig anziehend; in der Gesamtwirkung ein Traum von Schönheit und Glanz.

Dann der Lesesaal. Er reicht, buntmarmorn, durch neun Stockwerke, ein einziger Dom der Weisheit. Hunderte von Betern, Lesern, stumm in den Bänken. Sämtliche Zeitungen, Zeitschriften Amerikas liegen auf, die wichtigsten auch ganz Europas. Und wenn man alle drei, vier Millionen Bücher der Bibliothek nebeneinander stellte, Rücken an Rücken: so wäre die Reihe grade sechzehn Kilometer lang. — Ein Kongressmitglied machte mir die Honneurs des Hauses und lud mich ein, beliebige Bücher zu verlangen. Ich schrieb zwei auf: meinen ältesten und meinen jüngsten Band, die *Irrfahrten eines Humoristen*. Dann blickten wir auf die Uhr. Und binnen drei Minuten lagen beide Bücher da — pneumatisch aus den fernsten Schränken beigebracht. Des Wunders Erklärung: alle zum Copyright, Urheberschutz angemeldeten Werke kommen in je einem Exemplar in die Kongressbibliothek. — Die Bibliothek ist durch Röhren mit dem Museum und dem Kapitol verbunden; auch dahin laufen mit Windeseile die verlangten Bücher.

Ich möchte nicht all die weißen Akropolen Washingtons beschreiben müssen: das Kriegs- und Marineministerium, die Kunstgalerie, das Smithsonian Institut für Wissenschaft, das Schatzamt, Nationalmuseum, den herrlichen Palast der Panamerica Union, den Tempel der Schottischen Freimaurer mit seinen riesigen Sphingen... Im Schatzamt arbeiteten zur Kriegszeit Amerikas Milliardäre für einen Ehrensold von ein Dollar monatlich. — Im Nationalmuseum sieht man nebst Dickhäutern, die Theodore Roosevelt zur Strecke gebracht hat, in zwei benachbarten Sälen Mammuts und Dinosaurier, Tanks und Torpedos; wie schlecht die Vorwelttiere abschneiden!

Am Potomac, der sich heut in zornigen, orangegelben Wellen überschlägt — am Stromufer stehen drei merkwürdige Dinge, alle mit dem Kapitol haarscharf in den terrestrischen Breitegrad gerichtet: das Washington-, das Lincoln-Denkmal und das Amphitheater.

Der Washington-Obelisk, über 170 Meter hoch, war kürzlich noch der höchste Steinbau der Erde — als ein New Yorker Wolkenkratzer ihn überstieg. Bis 500 Fuß Weißmarmor; darauf eine Spitzenpyramide von 55 Fuß Aluminium. Ein Fahrstuhl saust bis in die Spitze. Unterwegs sind Ehrengaben, Steine aus allen Weltzonen eingemauert: aus Brasilien, China, den Ruinen von Karthago, ein Lavablock vom Vesuv, ein Stein von Wilhelm Teils Kapelle, von Napoleons Grab auf St. Helena, ein Altar der Cherokee-Indianer. — Das Kapitol, der schlanke Washington-Obelisk und die drahtlosen Antennen der Seewarte beherrschen das Stadtbild.

Ein eben erst vollendetes Werk: das Lincoln Memorial, sicherlich der schönste Bau Washingtons, von Henry Bacon erdacht. Ein griechischer Tempel von monumentaler Kompaktheit und doch anmutig. 46 Säulen, »die größten der Welt«, tragen das Vordach. Im Innern die Kolossalfigur des sitzenden Lincoln. In die Wand gemeißelt jene berühmte Gettysburger Rede Lincolns, die allenthalben in angelsächsischen Landen als Muster politischen Stils gilt, in den Schulen auswendig gelernt wird — apostolische Verheißung der Größe Amerikas. — 1865 wurde Lincoln von einem Fanatiker getötet, der die Niederlage der Südstaaten rächen wollte. Nach Abraham Lincoln fielen noch zwei Staatshäupter von Mörderhand: 1881 Andrew Garfield — 1901 William McKinley.

Ein Deutscher aus Bielitz, der sich vom einfachen Handwerker hoch emporgearbeitet hat, Herr Ernst Gichner, bringt mich in seinem Auto nach dem Amphitheater von Arlington. Ich möchte es wohl an jenem Tag sehen, wo der Präsident die jährliche Trauerfeier hält für die Toten dieses Waldfriedhofs: Soldaten der Befreiungs-, Bürger und Indianerkriege, der Kämpfe gegen Spanien und endlich Deutschland. Unübersehbar dehnt sich das Feld der Leichensteine — nach den Geburtsländern der Opfer geordnet — eine Stadt für sich mit Ringplätzen, Straßen und Monumenten — ein Denkstein für jeden Gefallenen — eine Zypresse für jeden Ertränkten, in die Luft Gesprengten — mögen seine Reste nun aufgefunden und hierhergebracht sein oder nicht. Ein Grab deckt 4000 Unbekannte. — Grade vor 25 Jahren flog im Hafen von Havanna das amerikanische Kriegsschiff Maine auf; darüber brach damals der Krieg aus gegen Spanien, der den Vereinigten Staaten Kuba eintrug, Puerto Rico und die Philippinen. Man hat später das Wrack der Maine gehoben, den Mast hier aufgestellt; nun sind in seinen Sockel eingeritzt die Namen der 260 Opfer von Havanna, viele Deutsche darunter. — Wenn der Präsident redet — am 30. Mai, dem Dekorationstag, da weht auf jedem der vieltausend Leichensteine Arlingtons eine Flagge.

Es gibt in und um Washington noch viel, sehr viel zu schauen; die Vorstadt Georgetown mit George Washingtons überbescheidenem Hauptquartier und dem großen Jesuitenkolleg (1780 gegründet); das See-Observatorium; die Wasserfälle des Potomac; die alte Kleinstadt Alexandria, wo George Washington zur Kirche ging — wo man vor sechzig Jahren noch Sklaven auf dem Markt verkaufte… Im Weichbild der Hauptstadt selbst ganze Villenviertel, bewohnt von Diamanten-, Gold-, Kupfermineuren, Leuten, die mit Vieh, Getreide Geld gemacht haben, ihren Lebensabend nun am Regierungssitz genießen. Man zeigt mir das Haus jenes Dalmatiners Anthony Lucas, der in Texas die ersten Ölquellen erschürfte; der Mann ist erst jüngst gestorben. Eine reiche, schöne, elegante Stadt. Spiegelglatter Asphalt auf allen Straßen; wo es doch sogar in New York so schlecht gepflasterte Bezirke gibt.

Eine Marmorstadt — Denkmäler aller Ecken. Ich habe die deutschen gezählt: Friedrich der Große, Wilhelms Geschenk an die Union, der vor der Kriegsschule stand, ist zwar in einen Keller gebracht worden; doch Johannes Gutenberg, Johann Wolfgang von Goethe und Ludwig van Beethoven prangen außen an der Kongressbibliothek oder innen — öffentlich sind Martin Luther aufgestellt, Steuben und der Begründer der Homöopathie, Samuel Hahnemann. Ansonsten ein Heer von steinernen Generalen zu Pferd und zu Fuß — eine Marmorstadt — Athen. Wenn aber dort heilige, vergilbte Ruinen liegen: hier strotzt die Frische.

Im Krieg sind unermessliche Betongebäude erstanden für Zwecke des Staates — immer noch nicht genug. Im Umkreis des Kapitols sinken täglich ganze Häuserblöcke nieder, um wieder neuen Regierungsbauten Platz zu machen.

Um all die Ämter warten von Morgen bis Abend Herden leerer

Autos; jeder Beamte hat sein Auto, jede Maschinenschreiberin; jeder sechste Einwohner überhaupt. Wenn sich nach Bureauschluss diese Herden, breitstirnig, augenfunkelnd, brüllend in Bewegung setzen: es ist ein Hexensabbat des Verkehrs.

Spät abend sah ich aus dem Tor des Keith Theaters, eines Varietes, einen vornehm gekleideten Herrn treten mit seltsam hölzernen, unsichern Schritten. Der Herr ging untergefasst: links von seinem Diener — rechts von seiner Gattin, die er in reifen Jahren geheiratet hat. Es war Mr. Woodrow Wilson [*Präsident der USA im Ersten Weltkrieg*], der, geistig wieder rege, sich für eine politische Rolle vorbereiten soll. Zur Zerstreuung besucht er jeden Samstag das Variete. Und er mag Zerstreuung wohl nötig haben... vor allem Ablenkung... von den Erinnerungen an Versailles. So ging er auf dem Bürgersteig der Marmorstadt seinem Auto zu. Transit gloria.

Und als ich am nächsten Morgen bei Herrn Dr. Otto Wiedtfeld frühstückte, da sah ich auch den Tanzsaal des Deutschen Botschaftspalais, still, leer, verstaubt... Fuit Ilion.

IM MITTELWESTEN

CHICAGO

Der Name ist indianisch und bezeichnete ursprünglich ein Flüßchen. 1830 hatte Chicago fünfzehn Häuser, hundert Einwohner; ist jetzt die zweitgrößte Stadt Amerikas, nähert sich der dritten Einwohnermillion; die Western Avenue misst 35 Kilometer; der Kai am See, eine werdende Prachtstraße, ist drauf und dran, die Western an Länge um die Hälfte zu übertreffen.

Man sollte nun meinen: ein besonders angenehmes Klima oder günstige Örtlichkeit habe den Einwandrerstrom herbeigelockt. Aber nein; der Boden musste schrittweis dem Sumpf, der Wildnis abgetrotzt werden. Alles hier ist künstlich aufgeschüttet, gestaut, gedämmt: jenes Flüßchen, das sich vordem in den Michigansee ergoss — man hat es gezwungen, bergauf, nach dem Mississippi zu rinnen.

Das Klima? Wenn es das mildeste der Erde wäre — die Gelehrten hätten die Erklärung schnell bereit: »Natürlich — wie könnt' es anders sein? Zwei Meere umspülen Nordamerika. Chicago: im Breitegrad von Konstantinopel; das ungeheure kanadische Seengebiet, einem Ozean gleich, erwärmt den Winter; die freie Ebene nach Norden zu muss den Sommer kühlen.« — In Wahrheit hat Nordamerika, Chicago besonders, sechs bis acht sibirische Winter und dreiundzwanzig tropische Sommer, die wirr durchs Jahr verteilt sind. Die Zeit, wo Hitze und Kälte am jähesten wechseln, nennt man Frühling. Nur der Herbst ist gleichmäßig schön.

Chicago hat eine berühmte Hochbahn; sie durchrast kreuz und quer die Stadt in der Höhe des zweiten Stockwerks; die Schienenköpfe sind verschweißt, die Wagen auf das kürzeste gekuppelt, alle Lager geölt, klappernde Teile mit Gummi verkeilt — es ist die »geräuschlose Bahn«: und man wird irrsinnig bei ihrem ewigen Grollen und Rollen, wenn man das Unglück hat, an der Strecke zu wohnen.

Inmitten der Stadt schlingt die Bahn eine Schleife, »the Loop«, ein Kilometer lang und halb so breit. Das ist der Mittelpunkt des Verkehrs. In diesem Rechteck ragen die Bankpaläste, die Ämter. Und die Warenhäuser: Marshall Field & Co. darunter, das größte der Erde, wo man von der Stecknadel an alles kaufen kann bis zur (keine Übertreibung) … bis zur ausgestopften Giraffe. — Im Loop steht jener freundliche Gasthof »Bismarck«, wo die Deutschen einander treffen. Als Georges Clemenceau [*französischer Weltkriegspräsident*] die Randolph Street entlang fuhr, ließ man die Lichtreklame des Bismarck am festlichsten leuchten…

Chicago ist eine Stadt klaffender Gegensätze: Elend neben protzigem Reichtum, Schmutz der Außenviertel bei goldner Eleganz. Sollte je eine Revolution in den Vereinigten Staaten ausbrechen (was ich nicht glaube): zuerst sicherlich in Chicago; der Asphalt dieser Avenues ist nicht dick genug, dass nicht Sumpfgewächse durch seine Ritzen schwärten. Die Schlachthöfe — Arthur Hollitscher und furchtbarer nach ihm Upton Sinclair haben sie beschrieben. Weit rundum dehnen sich die Pferche — da steht das Vieh in Herden, groß und klein, unkundig seines Schicksals, und die Kälbchen hopsen noch im Sonnenschein, in sechzehn Minuten werden ihre Schlegel im Kühlraum hängen…

Swift und Armour sind die größten »Packer«, das heißt Metzger. Im Empfangszimmer von Armour & Co. zeigt man mir Proben der Erzeugnisse: Büchsenmilch, Büchsenfleisch, Käse, Butter, Margarine; Öl, Wurst, Speck und Schinken; Fleischextrakt, Pepsin; Trommeln, Violinsaiten, Leder, Geigenbogen; Filzdecken, dreißig Arten Wolle; Parfüme, Kunstdünger, Hornknöpfe; Kämme, Lippenstifte, Seife, Leim … Gott weiß, was sonst noch, »Hier wird alles ausgenutzt, mit Ausnahme der Schreie.«

Im Fahrstuhl kommt das Rind hinab in den Schlachtraum. Eine Klappe öffnet sich. Im Nu ist eine Kette dem Rind um die Hinterbeine geschlungen. Im Nu das Rind emporgezogen, im Nu gekeult. Und wandert schon pendelnd, kopfab, am unendlichen Band durch den Saal, durch die Allee blutiger Arbeiter: einer schlitzt dem Rind ritschratsch den Bauch auf; einer lockert ihm das Gekröse; einer reißt es ihm an; einer lässt es entquellen; einer wirft es beiseite; einer ritzt den linken Hinterfuß: einer den rechten; der nächste enthäutet den Kopf; der dritte die Brust; der vierte den Schweif.… Und immer neue tote Rinder pendeln an, immer neue — für jeden Schlächter Gegenstand immer desselben Griffs. Mitten in der Arbeiterreihe, an rechter Stelle, Regierungsinspektoren, die mit einem Blick das Eingeweide prüfen: auf Milzbrand, Schwindsucht…

Die Schafe kommen hängend aus einem Riesenrad vor den Neger, der mit einem Stich ihre Halsschlagader öffnet. Tausend Schafe in der Stunde. Sie zappeln zu Dutzenden über einem Rost und verlieren ihr Blut. Wirklich, sie zucken noch, als man sie enthäutet. Und wandern, dicht angereiht am unendlichen Band, dem Kühlraum zu…

»Porcopolis« ist der Spitzname der Stadt. — Ich habe viel Grauenhaftes im langen Krieg gesehen: nichts, was mich so tief erschütterte wie die Schlachthöfe von Chicago.

MINNEAPOLIS-ST. PAUL

ist eine Doppelstadt wie Hamburg-Altona oder Barmen-Elberfeld. Gelegen am obern Mississippi, Knotenpunkt der Eisenbahnen.

St. Paul entstand 1838, Minneapolis 1856. Heute mag St. Paul 250 000 Einwohner zählen (70 000 deutscher Abkunft) — Minneapolis 400 000 Einwohner, davon 80 000 Schweden. Minneapolis ist also (nach Stockholm und Göteborg) die drittgrößte schwedische Stadt; wie hoch, schlank, schön gewachsen die Menschen hier sind!

Im »Deutschen Haus« zu St. Paul gibt es nebeneinander sechs Kegelbahnen; spiegelblankes Parkett; die Kugel kehrt automatisch zum Spieler zurück; die Kegel fallen in ein Loch im Boden; und durch einen Hebeldruck, augenblicks sind — Großbetrieb, Maschine — alle zehn wieder aufgestellt. — Jawohl: alle zehn. In Amerika nämlich sind Ninepins (weil so viel gewettet wurde) als Hasardspiel vom Gesetz verpönt. Man schiebt auf zehn Kegel:

o o o o
o o o
o o
o

— das ist erlaubt.

Freunde wollten mich in das Museum von Minneapolis verschleppen, einen attischen Tempel. Ich lehnte ab; ich brauche nicht in Amerika schlechte, zweifelhafte Monets, Manets zu betrachten; die bessern hängen in Europa.

Ich bat, man möchte mich in eine Mühle führen: die größte der Erde. Da nun war ich wieder einmal enttäuscht: ein altes, durcheinandergeschachteltes Gebäude mit zahllosen niedern Sälen, und darin zahllose kleine Mahlstühle in fieberndem Geschüttel, in stillem Malmen, in unmerklichem Sieben, in geschäftigem, unhörbarem Fressen und Speien. Getreideduft. Und alles menschenleer; kaum je drückt sich ein alter, verstaubter Mann durch dies ängstlich enge, dumpfe Geklapper von Riemen und Rädern, Haken und Stangen, die nach einem zu langen scheinen wie Fühler ungeheurer, lauernder, zirpender, fressender Grillen.

Maschinen, die sich gegenseitig füttern, beaufsichtigen, entleeren — einander Stillstehen machen und antreiben, schmieren — Geschöpfe, die ihr Leben führen, ohne des Menschen mehr zu bedürfen: die da holt Säcke herbei — jene zählt sie ab — die dritte bläht sie auf und stülpt sie auf Röhren — das Mehl kommt aus unsichtbaren Fernen — Maschine wiegt es — Maschine zieht pralle Säcke ab — Maschine vernäht sie — bringt sie in Tiefen, auf Eisenbahnwagen — und der Mensch... verkauft sie.

Diese Milliarden Getreidekörner sind vom Halm weg durch Maschinen, Eisen gegangen — nie von Menschenhand berührt — durch Pumpenschlünde in Betontürme — bis sie zu Atomen wurden, in vier Grade der Feinheit gesondert: jungschneeweiß — »für Amerikaner«; immer noch weiß — »für Bäcker«; graugelb — »für Europa«; schwärzlich — »für das Vieh«.

Der Mississippi gleicht hier dem Rhein bei Bonn. Doch das große Kind hat noch Launen und Kaskaden — und einer solchen Kapriole gewinnt man so viel Wasserkräfte ab, dass man Hunderte von Walzen und Sägen damit treiben kann: darum eben ist Minneapolis entstanden.

Riesige Parks am Stromufer. In einem davon die Minnesota University. Sie plakatiert und annonciert: »Ist Ihre Arbeitsstunde fünfzig Dollar wert? Wenn nicht, dann besuchen Sie die Minnesota University; so steigern Sie ihr Einkommen.«

Die Universität ist letzthin zweimal genannt worden: als in der Legislatur von Minnesota ein Repräsentant beantragte, es sei den Professoren die Verbreitung von Charles Darwins Lehre zu verbieten. — Ferner hat die Universität von sich reden gemacht durch eine Schönheitskonkurrenz der Schülerinnen...

Es sollen wieder an die 600 Hörer Deutsch betreiben. Großer Fortschritt — wie aus dieser Statistik der amerikanischen Universitäten und Collegs zu ersehen ist; es lernten moderne Sprachen:

	1914	1920	
Deutsch	32.000	11.000	Schüler
Französisch	10.000	20.000	Schüler

Seit 1920 sind die französischen Kurse wieder recht leer geworden; die Zahl der deutschen Hörer ist von 1920 auf 1921 um 11,3 Prozent gestiegen.

Der Wettbewerb der University Girls um den Schönheitspreis ist noch nicht die sonderbarste Blüte im Garten Amerikas: eine Gesellschaft zu Minneapolis hat einen Preis ausgeschrieben, der dem höflichsten Straßen-Polizisten zufallen wird.

Die Polizisten hier haben leicht höflich sein: Minneapolis ist »knochentrocken«; es gibt keine Trunkenen, die Randal schlagen; und man könnt einen zweiten Preis aussetzen: für Bürger, die um neun Uhr abend noch durch die Straßen gehen.

Der Boden von Minneapolis ist von der Kunst geheiligt: hier spielt Henry Longfellows *Hiawatha*; und nah den »Lachenden Wassern« Minnehaha liegen jene Indianergräber, die ein Jesuit aufgefunden und beschrieben, Friedrich Schiller in *Nadowessiers Totenlied* besungen hat.

NEW ULM

Die Reaktion nach 1848 hatte viele über den Ozean getrieben, gerade die Brauseköpfe und Schwärmer.

Im Herbst 1853 beschlossen ein paar junge Deutsche von Chicago, sich irgendwo in der Prärie anzusiedeln, und gründeten einen Landverein; im März hatte er schon 800 Mitglieder. Man schickte Kundschafter kreuz und quer, und im Spätsommer war der Platz gefunden:

weit oben, wo der Cottonwood in den Minnesota mündet. — Damals gab es ja kaum erst Eisenbahnen; die Pioniere des Urwalds waren auf den Wasserweg gewiesen.

25 Mann und acht Frauen zählte die neue Kolonie, meist Württemberger, und sie bauten zunächst ein Blockhaus. Als es abbrannte, verbrachte man den harten Winter in den Rindenhütten eines Indianerdorfs. Man denke: den harten Winter in Minnesota; wo das Wasser dreißig Zoll dick friert! — Im Frühling ward gerodet; ein Feldmesser steckte die Straßen aus; am 30. Mai 1855 taufte man die Stadt: Neu Ulm. Es standen acht Häuser, als die Ansiedler, Arbeiter, am Ende ihrer Geldmittel waren.

Indessen hatte aber der Sozialistische Turnerbund von Cincinnati einen besser begründeten Plan entworfen und kam den Verzweifelten mit Mann, Dollar und Vieh zu Hilfe. 1856 gab es in Neu Ulm schon ein Postamt und zwei Kaufläden.

Einstweilen turnte man noch im Freien. Im Frühling 1857 schlugen die Ansiedler Bäume, banden sie zu Flößen; »borgten« an zwei Sonntagen die nächste Sägemühle — und so entstand die Turnhalle. Man spielte alsbald auch Theater darin. Zum Zeichen, dass die Vorstellung beginne, schlug man mit der Waldaxt auf die Kreissäge.

1861 brach der Bürgerkrieg aus zwischen den Nord- und Südstaaten der Union und dauerte vier Jahre. Viele Turner von Neu Ulm zogen zu Felde wider die Sklaverei.

1862 hatte die Turnerstadt schon zweihundert Gebäude, neunhundert Einwohner.

Am 18. August erlebte sie ihren Schicksalstag. Nächst Neu Ulm war eine Gruppe von Sioux ansässig, jener Indianer, die sich selbst Lakota nennen.

Die deutschen Nachbarn standen recht gut mit ihnen. Die Bundesregierung hielt die Sioux durch eine Handvoll Soldaten im Zaum, für die man einige Meilen oberhalb von Neu Ulm ein primitives Fort erbaut hatte. Der Regierungsagent hatte den Indianern als Entschädigung für abgetretenen Landbesitz bestimmte Beihilfen zu liefern: Wolldecken, Munition und eine Summe in Gold. Der Golddollar war damals, im Krieg, überwertig. Der Agent gedachte einen Schab zu machen und bot den Indianern Papiergeld an. Die

Indianer nahmen es nicht. Da sagte der Agent: gut, er wolle Gold holen — schwand ab und kam nicht wieder.

Die Sioux harrten und hungerten; hungerten immer entsetzlicher, murrten und hielten geheime Versammlungen. Einer ihrer Obern, Other Day, mahnte zum Frieden. Vergebens: der Häuptling, Little Crow (»Kleine Krähe«) erklärte ihn für einen Verräter, für vogelfrei. Other Day floh, warnte die nächsten Farmer und konnte sechzig Weiße noch retten.

Die übrigen Farmer schlugen Other Days Warnungen in den Wind. »Wie«, sprachen sie, »sind die Rothäute nicht unsre Freunde? Haben wir ihnen nicht oft genug durch die Not geholfen?«

Doch »dieselbe Hand« (heißt es in der Denkschrift des Kapitäns Jakob Nix) »dieselbe Hand, die labende Gabe empfangen, trennte bald den Kopf des Bleichgesichtes, den Kopf der weißen Frau mit einem Hieb des Tomahawks vom Körper; die Wut des Indianers, einmal entfesselt, kennt keinen Unterschied zwischen Freund und Feind; die Bestie im Wilden schlummert nur und will malzumal auf Menschen losgelassen werden.«

Die Sioux lockten die Besatzung aus dem Fort und machten sie nieder bis auf einen kleinen Rest. — Die Neu Ulmer waren immer noch ahnungslos. Sie schickten sogar Rekruten in den Krieg und geleiteten sie mit Musik. In der Schlucht am Fluss wurden die Rekruten mit Pfeil und Kugel überfallen. Und von allen Seiten flüchteten aufgeschreckte Farmer in die Stadt.

Rasch traf man nun Vorbereitungen zur Verteidigung. Der Turner Jakob Nix (aus Bingen am Rhein), ein Achtundvierziger, hatte in aller amerikanischen Welt mit Indianern gerauft — ihn wählte man zum Kommandanten. Er schickte vom Fleck Boten in die nächsten Orte aus und ordnete seine Scharen:

Vierzehn Büchsenschützen, Turner von Cincinnati, in die erste Reihe; dazu achtzehn Mann mit Doppelgewehren. Reserve: Zwölf Schrotflinten und fünfzehn Leute mit verschiedenen Schießwaffen. — Dies die Abwehr gegen 650 Sioux. Männer und Frauen bauten Barrikaden den Tag und — beim Schein angezündeter Holzstöße — die Nacht. Ausgesandte Patrouillen brachten schlimme Nachricht. Man verdoppelte die Posten.

Um drei nachmittag sah man im Fernrohr die ersten Indianer. Sie ritten an, teilten sich in zwei Rudel und schwenkten in weitem Bogen nach der Stadt.

Mit höllischem Geschrei stürmten sie an die Barrikaden. Eine der ersten Kugeln riss dem Kommandanten den Ringfinger ab. Am hartnäckigsten rasten die Indianer gegen den südlichen Abschnitt. Die Häuser außerhalb des Verteidigungsgürtels wurden zu Asche.

Da zog um halb fünf ein Gewitter auf. Die abergläubischen Sioux unterbrachen das Gefecht. — Abends und in der Nacht kamen berittene Bürger aus den Nachbarorten den Turnern zu Hilfe: von St. Peter der Richter Flandreau mit den Seinen; eine Kompanie aus Mankato unter Kapitän Bierbrauer; die von Cottonwood unter Kapitän Winkelmann. Flandreau übernahm die Leitung.

Am 20. August gaben die Sioux Ruhe: sie hatten sich nach dem Fort gewandt; man hörte in Neu Ulm die Kanonenschüsse. Streifkorps konnten noch einige Farmer im Weichbild einbringen.

Am 23. erschienen die Indianer wiederum, in verstärkter Zahl. Es gelang ihnen, die Turnhalle zu nehmen; doch die Le Sueur- und Mankato-Kompanie hatte sich an der Windmühle dicht daneben verschanzt und hielt den Feind hier in Schach. Am Westende von Neu Ulm bildete ein Backsteingebäude, das Postamt, den Stützpunkt der Turner. Wiederum wandte sich Little Crows Hauptangriff gegen den wenig geschützten Süden.

Bald hatten die Neu Ulmer da sechs Tote, zwanzig Verwundete; um vier nachmittag waren die Sioux in das Blockhaus des Schmiedes Kiesling eingedrungen.

Da sammelten Nix und Flandreau sechzig beherzte Turner und griffen mit Hurra zu. Ein Ringen auf Tod und Leben. Es kostete den Verteidigern in einigen Minuten 23 Mann — doch die Stadt, tausend Frauen und Kinder — waren gerettet.

Man wollte noch die Turnhalle zurückerobern; die Sioux steckten sie in Brand. Geschwächt, ernüchtert zogen sie sich zurück. Die Waffen ruhten. Die Bürger aber mussten die Nacht mit dem Feuermeer kämpfen. Achtzig Häuser lagen in Asche. Die Verteidiger zählten 34 Tote, sechzig Verwundete.

Am Morgen machten die Sioux Anstalten zum dritten Angriff; da prallte ihnen lauter Donner entgegen: die Turner hatten aus zwei Ambossen und einem Ofenrohr ein Lärmgeschütz geschaffen. 700 Weiße waren den Sioux in Minnesota zum Opfer gefallen, 20 000 von ihren Heimstätten vertrieben. Die Regierung zog von überall her Truppen zusammen. Da versuchten die Indianer, nach Kanada durchzubrechen. Neunzig Meilen von Neu Ulm wurden sie eingeholt und aufgerieben. Little Crow entkam. Die übrigen ergaben sich.

Man brachte die Gefangenen nach Mankato und hielt Gericht über sie. Die Quäker baten um Schonung der irregeleiteten Menge — nur die Rädelsführer sollten bestraft werden. Allein wer konnte die Rädelsführer herausfinden? Die Aufrührer hatten alle die gleiche Kriegsbemalung getragen. Die Angeklagten leugneten; ein Mulatte, Teilnehmer ihrer Schandtaten, machte den Kronzeugen. 38 Sioux sollten am Galgen büßen — darunter Fair Dog (»Schöner Hund«), ein berüchtigter Mörder und indianischer Don Juan; eine verliebte weiße Dame hatte ihn beredet, die Waffen zu strecken — sie werde ihm die Freiheit erwirken... Die Farmer wieder, unzufrieden mit dem Urteil, verschworen sich, sämtliche Gefangene zu lynchen; doch der amerikanische Kommandant vereitelte die Überrumpelung.

Am 26. Dezember war die Hinrichtung. Für die 38 armen Sünder war ein einziges kreisförmiges Gerüst erbaut. Mit schauerlichen Totenliedern kamen sie langsam heran. Keiner zuckte, als man ihm den Strick um den Hals legte. Ein Beilhieb zerschnitt das Tau, das die Plattform in Schwebe hielt...

Im Januar schenkten die deutschen Turner von Cincinnati ihren Brüdern in Neu Ulm eine Haubitze. Die Regierung schickte eine Kanone. Die Sioux rührten sich abermals — diesmal andre Banden. Zwei berühmte Turner, Oberstleutnant Pfänder und Kapitän Jakob Nix mit ihren Leuten brachen auf und zersprengten die Indianer vollends.

Genau ein Jahr nach dem Überfall auf Neu Ulm irrten zwei Rothäute, Vater und Sohn, durch die Wälder von Minnesota und suchten wilde Beeren. Zwei Jäger, Norweger, ebenfalls Vater und Sohn, bemerkten das zerlumpte Paar. Es war damals ein hoher Preis ausgesetzt auf Skalps von Indianern; die Jäger brannten den Alten nieder; der Sohn entfloh. Die Norweger wussten nicht, wen sie da zur Strecke gebracht hatten; die deutschen Ansiedler erkannten ihn: Little Crow...

Unverdrossen machten sich die Turner an den Wiederaufbau. Der Verein gab ein Notgeld aus. Bald konnte man auch eine schöne neue Turnhalle einweihen. Sie diente nebenher als Schul-, Theater- und Gerichtshaus.

Am »schwarzen Freitag«, 15. Juli 1881, während viele Neu Ulmer am Turnerfest in Minneapolis teilnahmen, legte ein Wirbelsturm fast die ganze neuerbaute Stadt noch einmal um.

Sie erholte sich wiederum rasch. Seit 1870 gibt es hier eine Ordensloge der »Hermannssöhne« (einer weitverzweigten deutsch-amerikanischen Gesellschaft). Seit 1881 steht ein großes Hermannsdenkmal, jenem von Detmold gleich. Neu Ulm hat 7000 Einwohner; breite, schnurgerade Straßen, bei Nacht erhellt von Milchglaskandelabern; hat wahrhaftig mehr Licht, Wärme, mehr Milch und Fleisch und... sausende Autos als die Mutterstadt dort an der Donau, das alte Ulm...

Allerdings gibt es keine deutsche Aufschrift mehr seit dem Weltkrieg. In den Schulen auch wenig deutschen Unterricht. Doch die Namen der Ladenschilder sprechen; die Leute in Neu Ulm heißen: Pfänder (aus Heilbronn), Ochs (aus Erbach), Stolz, Ammann, Schweninger (aus Vorarlberg), Hauenstein, Seiter, Koehne, Toberer, Gerstenhauser, Metzinger, Streißguth usw. Das Wochenblatt, deutsch, ist redigiert von Konrad Kommann.

Ein Drittel der Bevölkerung ist katholisch, ein Fünftel lutherisch; es gibt auch Methodisten und dann Freisinnige, die keiner Kirche angehören. Politisch stehen die Neu Ulmer meist zur Farmer- und Arbeiterpartei. Der letzte von den ursprünglichen Ansiedlern, Peter Mack, ein Schwabe, ist voriges Jahr gestorben. Der Bürgermeister Louis Fritsch hatte während des Kriegs resigniert und wurde mit großer Mehrheit wiedergewählt.

Zu den Schwaben von ehedem sind in neuerer Zeit Einwanderer aus den Sudeten und Norddeutschland gestoßen. Mir fiel — vielleicht ein allzu flüchtiger Eindruck — die große Zahl der Rechtsanwälte auf. Oder sind die Deutschen so händelsüchtig?

In der Nähe blühen noch zwei andre deutsche Städtchen: Waconia und Joung Amerika, mit je tausend Einwohnern. Neu Ulm aber ist außerhalb von Texas die einzige größere Siedlung in den Vereinigten Staaten, wo alle Kinder auf der Straße heute noch deutsch reden.

DIE FIXE INTERVIEWERIN

Ort der Handlung: eine Stadt des amerikanischen Mittelwestens, der Gegend also am Mississippi. Name der Stadt: uninteressant und gleichgültig. Es gibt zwei Tagesblätter da, die scharf miteinander konkurrieren; das genügt.

Ich bin um elf Uhr abend angekommen, Samstag. Der Hotelinterviewer (Reklamemanager des Gasthofes) wartet schon. Fragt mich kurz nach meinem Namen, Beruf, meiner Herkunft und Absicht — und verschwindet wieder.

Um elf Uhr zehn der Photograph des *Herald* — das ist die eine Tageszeitung. Arbeitet natürlich mit Blitzlicht; dampft damit mein Zimmer voll. Und geht.

Elf Uhr fünfzehn der Interviewer des *Herald*. Begnügt sich mit den üblichen Phrasen: Wie lang ich in Amerika sei? — Vier Monate. — Wie es mir gefalle? — Außerordentlich gut. — Die amerikanischen Frauen? — Die schönsten der Welt. — Das amerikanische Publikum? — Das dankbarste der Welt. — Die Eisenbahnen und Hotels? — Die bequemsten der Welt. — »Und wie denken Sie über den Mordprozess Schneider? Die Chancen von Mr. Al Smith von Albany bei den nächsten Präsidentenwahlen?« — »Mein Herr, es ist fast Mitternacht...« — Er versteht, lächelt und lüftet zum Abschied den Hut. (Bisher hat er ihn nämlich auf dem Kopf gehabt. — Sagte ich übrigens: »lüftet den Hut«? Dann habe ich übertrieben. Er rückt den Hut zum Gruß nur etwas in den Nacken.)

Elf Uhr fünfzig. Ein muntrer, ein schmetternder junger Mann tritt ein und ruft — auf deutsch: »Oh — wie tust du? Ich kann deutsch — mein Tant ist übern Deutschland. Ich will machen ein Bild von dich. Für *The World*. Aber nicht hier. Hier ist Rauch. Komm hinauf den Dach.« — Er schleppt mich in den Fahrstuhl, zehn Stockwerke empor.

Dann, Punkt zwölf, kam die fixe Interviewerin. Ein hübsches, schlankes Mädel. Blond — selbstverständlich geschminkt — wir sind ja in Amerika.

Sie setzte sich mir genüber und begann mich auszufragen. Wie ein Untersuchungsrichter genau — fanatisch ernst und duldete nicht die geringste Abschweifung. Schrieb alles mit, was ich antwortete — in ein Buch, das auf ihren Knien lag — schrieb mit, kursiv. (Ich bin noch keinem amerikanischen Journalisten begegnet, der stenographieren konnte; man wird wohl auch nicht eben die ersten Kräfte in den Dienst des Interviewens stellen.) — Sie schrieb also alles mit; blickte aber nicht etwa in das Heft, sondern mit suggestiver, kalter Strenge mir in die Augen, ohne auch nur einmal wegzugucken.

Zuerst die Personalangaben — dann: woher? wozu? Ich gab Bescheid.

»Please more detailed!«

Da nahm ich all mein Englisch zusammen und erklärte ihr: dass ich ein deutscher Schriftsteller bin, aus München, Satiriker, zuweilen, in guten Stunden Humorist; dass ich morgen Sonntag einen Vortrag hier halten werde — im Deutschen Verein; nicht Politik, nichts Aktuelles; und dass ich viele Bücher geschrieben habe...

»O, I see. You speak in the church.«

Himmel und Wolkenbruch! Ich — in der Kirche reden? Predigen? Ist das Weib bei Troste?

Und ich beginne von neuem — englisch:

»Sie haben mich missverstanden. Ich bin Satiriker; zuweilen Humorist. Ich halte heitre Vorträge — in deutscher Sprache — früher in Europa, jetzt in Ame...«

Sie — eigensinnig:

»But I see. You speak in the Jesus Church.« (Dschieses tschörtsch). Da gab ich es auf. Mag sie in ihrem ketzerischen Aberglauben verharren.

Sie aber fuhr zu fragen, zu bohren fort:

»Wie denken Sie über die Franzosen? Die Dinge am Rhein?«

»Fräulein Harrington! Wenn Sie schon die einfache Darlegung meiner Kunst und meiner Pläne hier so gründlich missverstanden, dass Sie annehmen konnten, ich würde morgen, Sonntag, eine Kirchenpredigt halten...«

»Mister Roda, really — you will speak in the Jesus Church...«

»Lassen Sie den Unsinn!... Ich weigere mich, über ein so schwieriges Thema wie die Rheinfrage ohne Dolmetsch mit Ihnen zu reden.«

Sie hat immer noch mitgeschrieben, ohne ihre Sehstrahlen aus meinen Pupillen zu lenken; springt plötzlich auf:

»Sie wünschen einen Interpreten? Gern.«

Bringt mich in eine Zelle mit zwei Telephonen; ruft die Zentrale auf: »Bitte ein deutsches Fräulein! Übersetzen Sie!«

Ich spreche deutsch in die Muschel; aus der Zentrale kommt der Wortlaut sofort englisch zurück — Satz für Satz — Frage und Antwort.

Am nächsten Morgen, Sonntag, bringen *Herald* und *World* Porträts und Interviews. *The World* drei Spalten.

Am nächsten Abend holen mich die Herren des Deutschen Vereins zum Vortrag ab.

Geleiten mich in die Jesus-Kirche.

Der Pastor stellt mich der Gemeinde mit ein paar netten Worten vor. Und nun solle ich loslegen. Nur ungeniert! Man sei hier keineswegs engherzig.

AMERIKANISCHE STÄDTE

MILWAUKEE

am Michigansee — nirgend auf Erden habe ich so gastliche Deutsche wie hier gefunden. Eine reiche alte Kolonie von kultivierten Leuten. Der größte deutschamerikanische Dichter lebt in Milwaukee: Kurt Baum; er schreibt Balladen.

Vor einem Menschenalter noch war die Stadt überwiegend deutsch. Man sah in den Vororten Täfelchen an den Schaufenstern: »English spoken.« Heute mag ein Zehntel von 550 000 Einwohnern noch deutscher Zunge sein. — Milwaukee hat das einzige ständige deutsche Theater Amerikas; seit sechzig Jahren; ich sah eine sehr gute Aufführung von *Stein unter Steinen* [*ein Drama von Hermann Sudermann*]. Im einzigen Wiener Kaffeehaus der Union, Cafe Martini, hat einst, arm und zerlumpt, Detlev von Liliencron gesessen.

In Milwaukee sah ich zum erstenmal einen Indianer. Er ist Rechtsanwalt. — Als man in der Reservation von Oklahoma auf Erdöl stieß, suchten geriebene Yankees die »Wilden« um ihren Schatz zu prellen. Der Rechtsanwalt legte ihnen das Handwerk; die Rothäute sind mächtig, sind unermesslich reich geworden. Sind durchaus nicht missachtet wie die Neger; indianische Studenten dürfen in der Sportarena mit Weißen wetteifern; ein kalifornischer Senator, Hiram Johnson, rühmt sich wahrhaft hundertprozentigen Amerikanertums: weil auf seiner Ahnentafel obenan ein Indianer steht... Wilsons zweite Gattin, Mrs. Galt, soll ebenfalls indianischer Abstammung sein.

Da Milwaukee nun gar so gut deutsch war, ist es zu Beginn des Kriegs auch am ärgsten gepeinigt worden. Man hatte in New York einen Preis ausgesetzt für das deutschfeindlichste Blatt: das *Milwaukee Journal* gewann den Preis. — Eine Dame schrieb damals an ihre Freundin: man höre »trotz Krieg und Kriegsgeschrei Konzerte, deutsche Vorträge usw.« Die Zensurbehörde fing den Brief ab und hatte nicht übel Lust, die Dame anzuklagen: sie treibe Propaganda für »United States of World«; so hatten die Ämter das harmlose »usw.« missdeutet...

IN BUFFALO

wiederholt sich alles, was von amerikanischen Städten bisher zu sagen war: vor hundert Jahren ein Dörfchen — vor zehn Jahren gut zu einem Drittteil deutsch — heute eine fast reinenglische Halbmillionenstadt mit prachtvollen, ausgedehnten Villenvierteln.

In nächster Nähe der Niagarafall. Ich will nicht unternehmen, zu beschreiben: wie da eine sonnengrünschäumende Welt sich dröhnend, kopfüber ins Chaos stürzt und das Chaos sie zerstäubt zurückgibt. Malerei, Lyrik, Musik könnten eine Vorstellung davon geben — niemals das schlichte Wort.

Unterhalb der Fälle (denn es sind ihrer zwei) jagt eine Herde langmähniger Eisenschimmel dampfend und wiehernd durch den Engpass: das sind die Wirbel, »Whirlpools«. Von einer Art Flugzeug, das am Drahtseil übergleitet, kannst du das Schauspiel betrachten.

Auf dem kanadischen Ufer frühstückte ich. Als ich die Rechnung verlangte, hatte ein Fremder sie beglichen. Ein Engländer. Meine und alle andern Rechnungen. — Ich verbat mir so zudringliche Freigebigkeit eines Fremden. Zu spät — der Engländer war schon gegangen; ohne mit einem einzigen Gast hier auch nur ein Wort geredet zu haben. Die Amerikaner erhoben sich gleichmütig und sagten: »Was wollen Sie? Er hat wohl viel Geld. Und wer am meisten Geld hat, zahlt.«

ROCHESTER

hat 300 000 Einwohner, ein Fünftel davon deutschen Stammes; ist wunderschön gelegen, auf Hügeln nah dem Ontariosee. An der East Avenue ein Villenviertel, das sich kann sehen lassen: der englische Kolonialstil ist reizend; auf seinen Rasenplänen kommt die einfachelegante, strebige Architektur ausnehmend zur Wirkung.

Rochester hat Tuchindustrie; die größten Thermometerfabriken der Erde. König von Rochester aber ist George Eastman, Erfinder und Erzeuger des Kodakapparates. Sein Geschäftspalast beherrscht auch das Stadtbild.

Man hat mir von dem Leben dieses Sonderlings viel erzählt. Er ist Musikliebhaber und hat seine Liebhaberei freundlich der Stadt aufgedrungen. Er unterstützt eines der ersten Konservatorien der Neuen Welt; hält ein Streichquartett in Lohn und lässt sich jeden Morgen durch Orgelhymnen wecken. Man hat ausgerechnet, dass er sich die Musik tagtäglich 600 Dollar kosten lässt.

In Rochester konnte ich auch ein wenig in das Getriebe der amerikanischen Kirchen blicken.

Religion ist in Amerika Privatsache — in solchem Maß, dass hier, wer Neigung dazu und Geld genug hat, eine Gemeinde, Sekte gründen kann. Statistiken weisen bei 110 Millionen Einwohnern der Vereinigten Staaten 47,4 Millionen Kirchenmitglieder aus und im letzten Jahr (1922) einen Zuwachs von 1,2 Millionen. Es sollen 10 000 neue Gemeinden erstanden, 15 000 neue Seelsorger angestellt worden sein. — Von den Kirchenmitgliedern sind angeblich 78 Prozent Protestanten aller möglichen Denominationen, Achtzehn Prozent Katholiken, 3,3 Prozent Juden, 0,5 Prozent Griechen. — Ich halte die Ziffern für falsch.

Es ist ein primitiver Glaube, der die Amerikaner beherrscht. Man streitet um die Auslegung von Bibelstellen. Gelegentlich fechten zwei Pastoren im Lokalteil der *New Yorker Staatszeitung* einen Strauß aus: ob ein leiblicher Teufel existiere.

Die Kirche spielt eine große Rolle im gesellschaftlichen Leben. Wer als Fremdling Anschluss sucht, tritt einer Sekte bei. Er findet neben der Kirche ein Parish House mit Küche und Speisesaal. Man hält da Sonntags Schule und diniert einfach und wohlfeil. Frauen und Mädchen der Gemeinde warten in Züchten bei Tische auf. Politische Redner treten vor die Männergilde. Am Abend gibt es ein Dilettantentheater oder Familienkabarett, Kaffee und Limonade, hierauf bis Mitternacht ein Tänzchen bei Jazzmusik. Die bischöflichen Kirchen sind exklusiv; die Methodisten demokratischer.

Solch eine Kirchengemeinde hat leicht ein Jahresbudget von 50 000

Dollar; entsendet wohl auch einen Missionar nach China, Indien, Afrika; die Baptisten von Rochester schickten einen sogar nach... Deutschland.

Große gemeinnützige Verbände bedienen sich der Kirchengemeinden als Filialen: das Home Bureau zum Beispiel verbreitet in den Parishhäusern die Kenntnis hauswirtschaftlicher Geschicklichkeiten; die Mitglieder der Frauengilde werden von Wanderlehrern des Home Bureaus in rationeller Kinderpflege unterwiesen, im Schneidern, Kochen, Obsteinsieden. Das Home Bureau bildet in der Kirche freiwillige Lehrerinnen aus im Sticken; mietet Berufsmodistinnen, die den Damen das Hutmachen beibringen und dergleichen. All die Kurse sind unentgeltlich oder doch sehr billig; wie man ja in Amerika überhaupt ohne Ausgaben ein Kind mindestens bis zum Abitur kann emporsteigen lassen.

Die Kinder teilen sich in zwei Gruppen, die einander durch fleißigen Kirchenbesuch zu übertreffen haben; den Siegern winken Preise, eine Soupereinladung. Die Scouts Girls (Pfadfinderinnen) erhalten sichtbare Ärmelabzeichen an der Uniform: für Vogel- und Insektenkunde, Blumenzucht, Literaturkenntnis; für Fertigkeit im Zeichnen, Wäscheflicken, Schönschreiben, Backen, Turnen; für das Erbauen von Starhäuschen...

Alles in Amerika ist auf Wettbewerb gestellt, und überall hat die Kirche ihre Hand.

DAS SEEBAD

Atlantic City ist sein Name, und es liegt eine Schnellzugstunde südwestlich von Phila(delphia).

Idealer breiter Strand von weißem, weichstem Sand. Brausende Brandung. Dahinter der »Boardwalk«, wohl fünfzehn Kilometer lang, parkettiert — jawohl, aus Parkettbrettchen gefügt: die Promenade.

Auf dem Strand tummeln sich die Gäste in Badekostümen — zu Fuß, auf Wägelchen, auf Ponies.

Auf der Promenade lässt man sich auf fahrbaren Rohrfauteuills von Negern langschieben.

Am Boardwalk die Hotels: Wolkenkratzerstil die einen — und sie lasse ich mir wohl gefallen.

Dann aber andre, an deren Fassaden in Stuck die Meeresfauna klebt. »Marlbourough Bienheim« heißt eine der giftgrüngoldsilberabendroten, seesternkrebsmuschelqualligen Paranoiapagoden.

Jeder New Yorker Juwelier, jeder Blumensalon hat hier seinen Sommerladen.

Und Piers mit Tanzdielen gibt es, Cafes, Lunaparks, Karussels, Schießbuden — Lärm, Drehorgeln, Lichtreklame, »Betrieb«.

Herrgott, wenn ich da meine Erholung suchen müsste…!

AMERIKANISCHES ALLERLEI

KEUSCHHEIT

Das Bureau of Social Hygiene, New York, 370 Siebente Avenue, eine Gründung des jüngern Rockefeller, erließ durch seine Sekretärin, Dr. Catherine B. Davis, eine Rundfrage an 5000 Frauen und sicherte den Frauen Verschwiegenheit zu.

69,1 Prozent der Gefragten waren an Colleges oder Universitäten graduiert.

87,2 Prozent rühmten sich glücklicher Ehen.

74 Prozent gaben zu, Geburtenkontrolle zu treiben.

41 Prozent hatten vor der Ehe »Spooning«, Liebelei geübt; fünfzehn Prozent verweigerten in diesem Punkt die Auskunft.

Ein junger Mann sagt mir:

»Jungfrau und Jüngling sind hier, anders als in Europa, Freunde, Kameraden; und in Freundschaft gibt man sich hier alles, wozu ihr in Europa die große Liebe braucht.«

DIE PROSTITUTION

ist in den Vereinigten Staaten abgeschafft.

Wer lacht da?

Es gibt junge Damen, die von Beruf Agentinnen mit Aktien sind. Diese Aktien sind nicht eben wertvoll.

Wenn nun solch eine junge Dame den Verdacht schöpft, der Besucher könnte ein Agent der Polizei sein: so erinnert sie sich sofort ihres Berufes und zieht die Mappe mit den Aktien unter dem Kopfkissen hervor.

VERDEUTSCHUNG

Der Negerpastor hatte eine Predigt angesagt über »König Salomons Weiber und Konkubinen«.

Die schwarzen Frauen kamen neugierig:
»Herr Pastor! Was sind Konkubinen?«
Er dachte einen Augenblick nach und erklärte:
»Konkubine... ist der griechische Ausdruck für Stenotypistin«.

AMERIKANISCH DEUTSCH

Der Mann in Hoboken, New Jersey, sprach:
»Dialekt? Wir in unsrer Stadt sprechen reines Deutsch. Böt es ist wery differently: die Deutschen in Pennsylvania zum Beispiel haben ihre eigne Länguitsch. Sie sagen »Riegelweg«, das meint: »Railway«. — Oll reit. — Und sie mischen immer Inglisch ein — schur nach drei Worten Deutsch eins Inglisch. Ju ßie: Ein deutscher Satz nimmt so lang. Uell, kommt einem Inglisch auf die Zunge — es ist so schort und bisi.«

KEIN APRILSCHERZ

Seit es Autos gibt, Radioapparate und Traktoren (an Stelle der Pferde), hat sich das Leben des Farmers von Grund auf geändert.

Die Farmerstaaten des Nordens — Montana, Dakota, Minnesota — haben einen langen, harten Winter. Die Hühner legen monatelang keine Eier.

Da hat man Hühnerställe eingerichtet, die elektrisch beheizt und erleuchtet sind. Früh um fünf, lang ehe die Sonne scheint, schrillt ein Wecker die Hühner auf und schüttelt sie von den Stangen. Sie müssen wohl oder übel im Sand scharren. Bis sieben Uhr abend hält das grelle Licht im Hühnerstall an — dann erst dürfen die Insassen schlafen.

Nun legen sie Eier jahraus, jahrein.

WIRTSCHAFT IM KLEINEN

Als ich in Mankato den Zug verließ...

Dies Mankato aber ist ein ganz geringes Landstädtchen am Minnesota river, westlichem Nebenfluss des Mississippi.

Als ich da also den Zug verließ, blieb ich mit dem Stiefelabsatz in einer Ritze hängen. An einem Laden in Mankato stand geschrieben: »Stiefelreparatur. Man kann warten.« Da trat ich ein.

In diesem kleinen Laden des kleinen Schusters einer kleinen Stadt surrte es von Maschinen, Transmissionsriemen.

Ich wies den Schaden an meinem Absatz vor. Jeder europäische Geselle hätte in einer Viertelstunde zwei, drei Lappen daraufgenagelt.

Der Amerikaner brachte einen, dann den andern Stiefel in die Maschine. Sofort waren beide Absätze abgerissen; in einer Minute neue Gummiabsätze darauf getan, Preis fünfzig Cents.

Es ist die amerikanische Wirtschaftsweise: Nichts reparieren. Alles neu. Reparieren erfordert Handarbeit; der Amerikaner scheut sie. Er lässt getragene Socken nicht waschen; wirft sie weg und kauft neue.

Man bekommt ein Paar von zehn Cents; das Waschen kostet fünf Cents. Der Amerikaner verwendet keine Rasierklinge zweimal. Er ist überhaupt immer geneigt, ein wenig abgenutzte Dinge loszuwerden.

Daher die ungeheuern Mengen von Müll in den Häusern und Städten. Die amerikanische Hausfrau weiß nicht aus und ein vor leeren Konservenbüchsen.

Jener Beamte in New York, dem die Müllabfuhr untersteht, fuhr nach Deutschland: um mal zu sehen, wie man es bei uns anfängt, den Müll zu beseitigen. — Der Beamte kam wieder und meldete: in Deutschland habe er nichts zu lernen; da gäb es ja gar keinen Müll...

In Amerika wieder gibt es keine Trödelläden.

AMERIKAS EHRLICHKEIT

auch jetzt nach dem Krieg, hat mir nicht wenig Achtung abgerungen.

Der Yankee schließt einen Handel, der große Summen betrifft, ohne die Abrede schriftlich festzulegen; und die Abrede gilt — der Handschlag schon wär überflüssige Bekräftigung.

Als die Union im März die Steuern einzog, schickten die Leute 5000, 10 000 Dollar in einfachen Briefen an das Amt.

Ein Zeitungsjunge steht mit einem Stoß von Blättern an der Straßenecke. Er will mal eine Stulle essen. Legt seine Bürde hin und drei Cents daneben — als Preisangabe. — Als der Junge wiederkommt, sind alle Zeitungen abgesetzt. Sechzig Cents liegen auf einem Häufchen da. Jeder Käufer hat redlich drei Cents hinterlassen.

Wer einen Brief aufgeben will, dessen Maße die Öffnung des Postkästchens überschreiten, legt ihn oben auf das Kästchen hin; und den Betrag der Briefmarke als Beschwer darüber.

SORGE UM DIE MILLIONÄRE

Die New Yorker Magnaten haben ihre Villen am Hudson.

Autos müssen durch dichten Verkehr lavieren, kommen langsam fort. Die rascheste Verbindung vom Hudson nach der Börse ist der »Millionärzug«, ein besonders flinker Train.

Ein Lokomotivführer, 32 Jahre im Dienst, hat eine Million Meilen ohne Unfall durchfahren. Man vertraut ihm nun den Millionärzug an.

DIE ÄRZTE

Eines Tages gehen Berichte um in den New Yorker Blättern: von einem Mädchen, das an außerordentlich hohem Fieber leide. 99,5 Grad Fahrenheit ist die Normaltemperatur des Bluts, und bei 107,6 Grad sollte aller Erfahrung nach der Tod eintreten: weil dann das Eiweiß des Bluts gerinnt.

Dies Mädchen weist 120 Grad auf. Am nächsten Morgen 125.

Die Zeitungen bringen Bulletins. Ärzte und Laien geben öffentlich ihre Ansichten kund.

Bis sich das Ganze als Schwindel einer sensationslüsternen Hysterikerin entpuppt: das Mädchen hielt eine Blase mit heißem Wasser in der Achselhöhle verborgen und täuschte damit die Ärzte.

Was aber soll man von diesen Ärzten sagen? Und von diesen Zeitungslesern...?

CHRISTLICHE WISSENSCHAFT

Man hat bei uns keine Vorstellung von der Macht der amerikanischen Gesundbeter. Sie haben allüberall ihre prächtigen Tempel, sie zählen Millionen von Gläubigen. Im nördlichen Illinois liegt Zion City, ihre Stadt, von »Elias dem Zweiten«, John Dowie begründet.

In Chicago litt ein junger Mann an einem Magenübel. Er war Anhänger der christlichen Wissenschaft. Sein Vater aber drang auf Berufung eines Chirurgen; der Chirurg riet zur Operation.

Nach langem Kampf fügte sich der junge Mann dem Willen des Vaters — unter der Bedingung, dass während der Operation eine Gläubige in der Ecke bete.

Nach der Operation überreichte der Arzt seine Rechnung: hundert Dollar.

Die Beterin verlangte — 300 Dollar.

ZEITUNGSDIENST

Man liest in den Abendblättern von Chicago (um vier Uhr nachmittag) Nachrichten über Ereignisse, die sich in Wien selbigen Mittags abgespielt haben. Erklärung: die drahtlose Station von Nauen. Und der Unterschied von 106 Längengraden der geographischen Lage: in Chicago ist es vier Uhr nachmittags, wenn in Wien die Uhr beinah schon Mitternacht anzeigt.

Der *New York Herald* hat jetzt eine »Miniaturausgabe für Eilige«; sie ist in zehn Minuten gelesen.

Große New Yorker Zeitungen haben nicht bloß ihre Papiermühlen, sondern auch eigene Wälder und erzeugen da ihr Holzpapier.

DER PRESSEFELDZUG

Unlängst noch trugen die Mädchen und jungen Frauen Amerikas alle, alle das Haar kurz. Das war schmuck; und praktisch für die arbeitende Frau. Da sprießen — schüchtern zuerst und bald immer dichter — Notizen, kleine, große Aufsätze aus den Zeitungsspalten mit der

Tendenz: gegen das kurze Haar. Man veranstaltet Rundfragen, reißt Witze; Frauenvereine fassen Beschlüsse; Ärzte geben Gutachten ab; Geistliche zitieren die Bibel; Professoren der Kunstgeschichte, der Ästhetik erklären: das kurzgeschnittene Haar »entspreche nicht dem griechischen Schönheitsideal.«

Was ist da über die Kunsthistoriker gekommen? Was über die Theologen? Sie sind sichtlich Werkzeuge in unbekannter Hand. Die Presse tut offenbar mit, ohne den Zweck auch nur zu ahnen.

Welchen Zweck? Und zu wessen Vorteil? Wer steckt dahinter? »Presseagenten«, eine übergeordnete Macht, die den Journalismus lenkt. Zum Vorteil der... Haarnetzfabrikanten, die sich durch das kurze Haar ruiniert sehen und sich's was kosten lassen, die Mode abzuschaffen. Ein andermal handelt es sich um Einführung der Sommerzeit (Vorrückung der Uhr um eine Stunde). Die Gastwirte, Kinobesitzer, Theaterdirektoren sind natürlich dagegen.

Sie beauftragen einen geschickten Presseagenten — und er appelliert an die Frauen:

»Wie schwer wird es euch, die Kinder rechtzeitig ins Bett zu bringen; ihr werdet es um eine Stunde früher tun müssen. Wie schwer die Kinder aus dem Schlaf zu reißen: eine Stunde früher.«

Die Argumente, so falsch sie sind, verfangen; der Antrag auf Einführung der Sommerzeit fällt durch die Stimmen der Frauen.

DAS GELD LIEGT AUF DER STRAßE

Folgendes Geschehnis ist in den New Yorker Zeitungen zu lesen:

In einem vornehmen Gasthof steigt ein junger, anscheinend vornehmer Herr ab. — Samstag morgens zahlt er die Wochenrechnung, 50 Dollar, mit einem Scheck. Alles in Ordnung.

Nächsten Samstag schreibt er einen Scheck aus auf 2000 Dollar und wünscht den Überschuss — 1950 Dollar — bar auf die Hand zu empfangen.

Der Clerk im Hotel zögert ein wenig... Der fremde junge Mann empfiehlt, telephonische Erkundigung bei der Bank einzuziehen. — Es geschieht. — Die Bank antwortet: die Auszahlung unterliege keinem Anstand; der junge Mann sei gut für 100 000 Dollar.

Selbigen Samstags — gegen ein Uhr mittags, wo die Bank geschlossen wird — erscheint der junge Mann bei einem Juwelier, wählt einen Ring für 5000 Dollar; und will mit einem Scheck bezahlen.

»Verzeihung«, meint der Juwelier, »da ich nicht die Ehre habe, Sie zu kennen…«

»Ich verstehe«, antwortet artig der junge Mann und lächelt… »Die Bank ist leider nicht offen… Doch Sie erkundigen sich im Hotel.«

Aus dem Hotel kommt die beste Auskunft: gut für 100 000 Dollar. Worauf der Juwelier den Scheck einsteckt und den jungen Mann mit dem Ring ziehen heißt. Kein Händler in den Vereinigten Staaten würde sich anders benehmen.

Eine Stunde später lässt sich der junge Mann im nächsten Barbierladen frisieren, rasieren, maniküren. Und bietet dem Barbier schließlich einen schönen Ring zum Kauf an; für tausend Dollar.

Der Barbier rückt gierig auf — der Stein funkelt verlockend herrlich.

Doch tausend Dollar? Viel Geld.

»Fragen Sie«, rät der Fremde, »den nächsten Juwelier!«

Der Juwelier erkennt zu seinem Schrecken, erkennt auf den ersten Blick den Ring, den er eben erst verkauft hat — für einen noch gar nicht eingelösten Scheck.

Nur Minuten — und Detektivs haben den jungen Mann am Kragen. — Der junge Mann verbringt zwei Nächte im Gefängnis.

Montag öffnet die Bank ihren Schalter. Der Scheck wird ohne Zögern honoriert.

Der junge Mann belangt den Juwelier wegen Beleidigung, Verleumdung; fordert 50 000 Dollar Buße.

Und gibt sich nach langem Sträuben im Vergleichsweg mit der Hälfte zufrieden.

Das Geld liegt auf der Straße.

NACHWORT

Wenn ich auf diese Monate in Amerika zurückblicke, kann ich nur bekräftigend wiederholen, was mir kurz nach meinem Eintreffen hier aufgestiegen ist:

Ich bedaure, nicht zwanzig Jahre früher hergekommen zu sein, den Planeten Erde nicht schon mit jungen Augen von der andern Seite kennengelernt zu haben — eh ich meine Werke schrieb. Und kann nur jedem deutschen Dichter raten, das Experiment so bald wie möglich anzustellen. Hier erst wird er gewahr werden des Sterblichen, Örtlichgebundenen, Engen in seiner und seiner Zeitgenossen Begriffswelt. Ich scheide von Amerika begeistert.

Mangel an Tradition, an Kultur? Gewiss: der Mathematiker würde die stetige Proportion aufstellen: »Amerika verhält sich zu Europa, wie Europa zum Morgenland.« Der Yankee schlingt wie seine Speisen auch die geistigen Gerichte halbgekocht, halbgekaut. Gewiss. — Ich habe all das bemerkt, empfunden, doch gering geachtet.

Überheiztes Nationalgefühl? Verdammt, ich würde es teilen, wenn ich drüben lebte — stolz auf das große, geschichtslose Land. — Innerlich ist der Amerikaner übrigens so sicher nicht, wie er gern äußerlich auftritt. Wenn er laut hinausschreit: »Amerika sei in der Welt voran« — so flüstert er in einem Atem die bange Frage: »wie man in Europa darüber denke?«

Heuchelei? — Nein: eine Eitelkeit, die keinen Flecken auf dem Ehrenschild zugeben will. — Und wenn ich also panegyrisch von Amerika gesungen habe, werde ich auch hinzufügen dürfen — ohne die Furcht, missverstanden zu werden:

Unpolitisch ist, zu sagen — unmoralisch wäre, zu verschweigen: dass manche Amerikaner — auch deutsche darunter — kulturloser sind als sterilisierte Bouillon.

Wer aber diesen Satz dem Zusammenhang entreißt, ist ein Schurke. Ende.

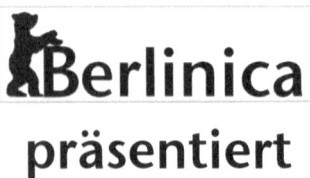

Berlinica präsentiert

Neue Bücher 2023-2025

Gebunden, ca 80 Bilder; 22,50 €
Format: ca 200 Seiten;
21,6 x 14,0 cm
ISBN: 978-3-96026-058-5

Broschur, ca 50 Bilder; ca 20,00 €
Format: ca 300 Seiten;
22,4 x 15,2 cm
ISBN: 978-3-96026-061-5

Gebunden, s/w, 9 Bilder; 20,00 €
Format: 192 Seiten; 21,6 x 14,0 cm
ISBN: 978-3-960260-51-6
978-3-96026-052-3

Broschur, s/w, 177 Bilder; 24,00 €
Format: 218 S.; 28,3 x21,6 cm
ISBN: 978-3-96026-000-4
      978-3-96026-001-1

Broschur, Color, 140 Bilder; 16,50 €
Format: 96 S.; 21,6 x21,6 cm
ISBN: 978-1-935902-11-9
      978-3-96026-078-3

Gebunden, sw, 64 Bilder; 20,00 €
Format: 224 Seiten; 22,8 x15,2 cm
ISBN: 978-3-96026-012-7
      978-3-96026-075-2

WIDERREDE DER ÜBERGA NGENEN FRA UEN EIN UNH EILIGER SCH RIEB Zwischen den Zeilen der Lutherbibel

JEAN-PAUL BARBE

Berlinica

Broschur, s/w; 10,50 €
Format: 172 S.; 20,3 x12,7 cm
ISBN: 978-3-96026-007-3
      978-3-96026-003-5

Gebunden, s/w, 41 Bilder; 12,00 €
Format: 320 Seiten; 22,4 x 15,2 cm
ISBN: 978-3-96026-039-4
      978-3-96026-048-6

Broschur, s/w, 67 Bilder; 14,00 €
Format: 176 S.; 21,6 x 14,0 cm
ISBN: 978-3-96026-069-1
Demnächst als gebundenes Buch

Softcover, bw, 12 pics; $16.00
Dimensions: 176 pp; 5.5 x 8.5"
ISBN: 978-3-96026-066-0
      978-3-96026-064-6

Broschur, s/w, 6 Bilder; 10,50 €
Format: 168 Seiten; 21,6 x 14,0 cm
ISBN: 978-3-96026-033-2
      978-3-96026-049-3

Kurt Tucholsky
Berlin! Berlin!
Über dieser Stadt ist kein Himmel

Mit einem Vorwort von Mark Twain

Broschur, s/w, 20 Bilder; 14,00 €
Format: 210 S.; 21,6 x 14,0 cm
ISBN: 978-3-96026-023-3
       978-3-96026-088-2

Kurt Tucholsky
Nachher
Wir saßen auf der Wolke und ließen die Beine baumeln
Vorwort von Bernd Matthies

Gebunden, sepia, 22 Bilder; 12,00 €
Format: 96 Seiten; 20,3 x 12,7 cm
ISBN: 978-3-96026-018-9
       978-3-96026-019-6

Kurt Tucholsky
The Short Fat Berliner Who Tried to Stop a Catastrophe With a Typewriter

By Harold L. Poor

New Edition of:
Kurt Tucholsky and the Ordeal of Germany, 1914-1935
Preface by Belinda Davis / Introduction by Chris Poor

Broschur, s/w, 21 Bilder; 14,00 €
Format: 256 Seiten; 22,4 x 15,2 cm
ISBN: 978-3-96026-015-8
       978-1-935902-47-8

Kurt Tucholsky
Prayer After The Slaughter
The Great War: Stories and Poems from World War I

Translated by Peter Appelbaum and James Scott
Preface by Noah Isenberg

Bilingual Edition German/English

Broschur, sw, 6 Bilder; 10,50 €
Format: 116 Seiten; 20,3 x 12,7 cm
ISBN: 978-3-96026-020-2
       978-3-96026-096-7

Gebunden, s/w, 90 Zeichn.; 16,00 €
Format: 272 Seiten; 22,4 x 15,2 cm
ISBN: 978-3-96026-036-3
         978-3-96026-044-8

Gebunden, s/w, 102 Zeich.; 16,00 €
Format: 272 Seiten; 22,4 x 15,2 cm
ISBN: 978-3-96026-037-0
         978-3-96026-045-5

Broschur, farbig; 105 Bilder, 16,50 €
Format: 96 Seiten; 25,4 x 20,3 cm
ISBN: 978-3-96026-094-3
Gebunden: 978-3-96026-095-0

Gebunden, s/w, 81 Zeichn.; 16,00 €
Format: 272 Seiten; 22,4 x 15,2 cm
ISBN: 978-3-96026-038-7
         978-3-96026-046-2

www.ingramcontent.com/pod-product-compliance
Lightning Source LLC
LaVergne TN
LVHW040103080526
838202LV00045B/3751